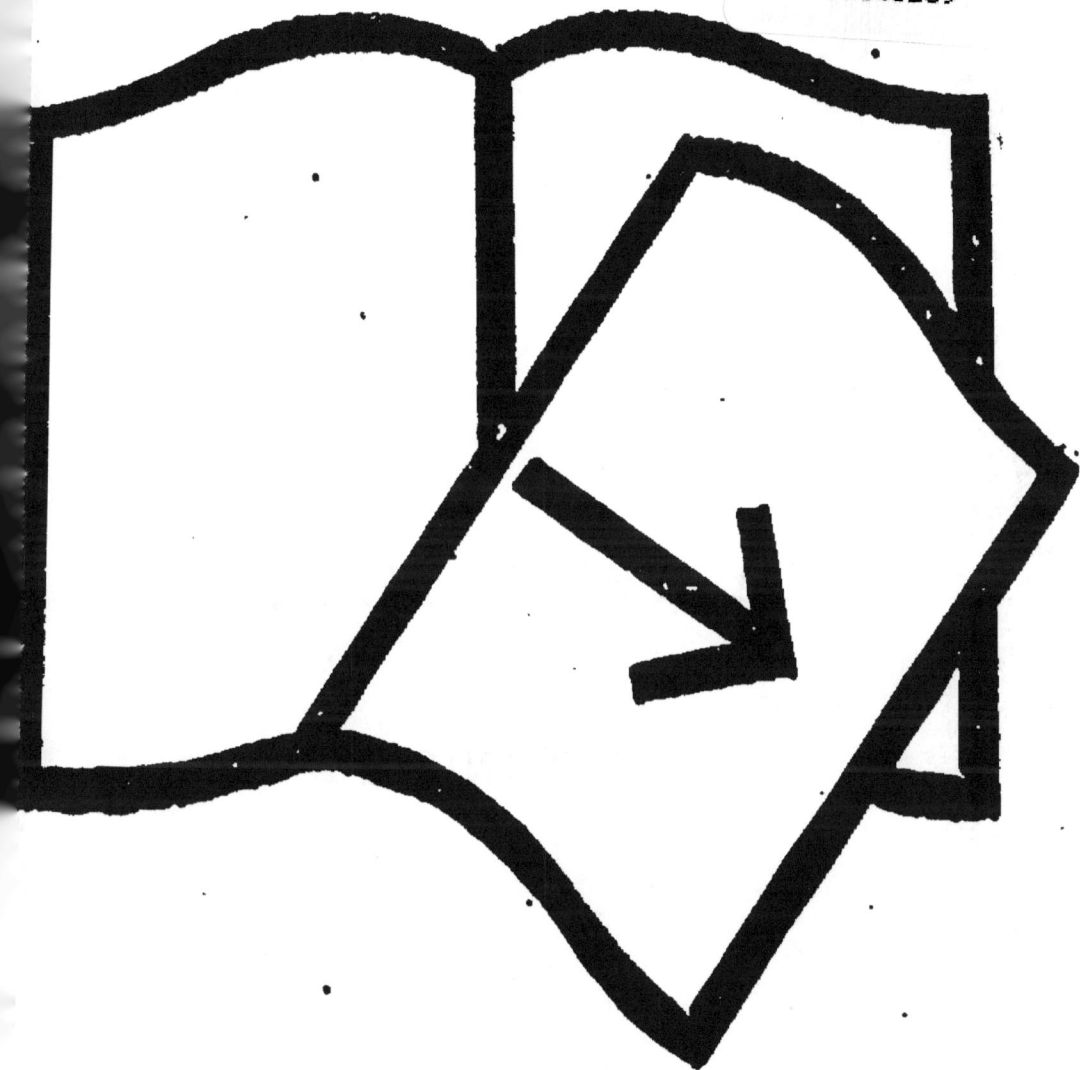

Couvertures supérieure et inférieure
manquantes.

LA TRIPOLITAINE

ET

LA TUNISIE

SAINT-QUENTIN. — IMPRIMERIE JULES MOUREAU.

LA
TRIPOLITAINE

ET
LA TUNISIE

Avec les renseignements indispensables au voyageur

PAR

LÉON DE BISSON

Officier de réserve au 4e régiment de chasseurs d'Afrique.

PARIS

ERNEST LEROUX, ÉDITEUR

28, RUE BONAPARTE, 28

—

1881

AVANT-PROPOS

En publiant ces notes de voyage, notre but est de servir de guide à ceux de nos compatriotes que leurs affaires ou les charmes de pays inconnus attirent à Tunis et à Tripoli. D'ailleurs, les événements actuels appellent l'attention du public sur le Nord de l'Afrique. Il est permis de penser qu'à la suite de notre intervention militaire, des établissements français se fonderont en Tunisie et que notre œuvre civilisatrice, commencée aux Croisades et poursuivie presque sans interruption, fera sentir ses bienfaits aux Arabes tunisiens comme à leurs frères de l'Algérie.

La conquête par l'épée et la charrue, *ense et aratro*, comme le voulait l'illustre maréchal Bugeaud, telle est notre mission en Afrique. Grâce à nos soldats, à nos explorateurs et à nos savants, le jour ne semble pas éloigné où les vastes régions du Sahara seront arrachées à leur barbarie séculaire.

Nous serons heureux si ce modeste livre a pu être utile au progrès de la science et de la civilisation dans ces contrées trop peu connues.

LISTE

DES

principaux ouvrages publiés sur la Tripolitaine et la Tunisie.

MM.

BEULÉ...............	*Fouilles à Carthage.*
CAILLAT	*Plan de Carthage.*
DUREAU de la MALLE	*Carthage (Univers pittoresque).*
GUÉRIN	*Voyage archéologique dans la régence de Tunis.*
LÉON MICHEL	*Tunis.*
LES PÈRES D'ALGER	*Guide du voyageur à Carthage.*
ROUSSEAU , ...	*Annales tunisiennes.*
J. SAINT-LAGER....	*La régence de Tunis.*
DE SAINTE-MARIE..	*La Tunisie chrétienne.*
DE SOUHESMES.....	*Tunis, histoire et mœurs.*
TISSOT.............	*Routes romaines du sud de la Byzacène.*
Le Comm^t VILLOT...	*Description géographique de Tunis et de la Régence.*
ZACONNE...........	*Notes sur la Régence de Tunis.*
Le C...Mt MIRCHER.	*Mission de Ghadamès.*
Univers pittoresque	*Tripolitaine.*

TRIPOLITAINE

I

GÉOGRAPHIE. — RÉSUMÉ HISTORIQUE

La Tripolitaine est bornée au Nord par la mer
Méditerranée, au Nord-Ouest par la Tunisie, à l'Est
par l'Égypte et au Sud par le désert du Sahara. Sa
frontière, du côté de la Tunisie, est formée par le
Bordj-Biban ou château des Portes, construit sur un
îlot situé à l'extrémité d'une pointe de terre qui
s'avance dans la mer. Du côté de l'Est, le Ras-el-Tin
constitue la limite extrême de cette contrée connue
autrefois sous le nom de *Cyrénaïque* ou *Pentapole*.
La plage qui s'étend à partir de ce point jusqu'à
Alexandrie, a reçu le nom de *Marmarique*.

La Tripolitaine est comprise entre 23° et 33° de
latitude Nord, et 8° 54' et 23° de longitude Est. Elle
se divise en cinq parties qui sont : la *Tripolitide* et le
pays de *Barka* au Nord, l'oasis de *Ghadamès* au Sud-
Ouest, l'oasis d'*Audjelah* au Sud-Est, enfin le *Fezzan*
au Sud. Sa capitale est Tripoli, et ses villes principales sont Benghazi, Ghadamès et Mourzouk.

Le *Fezzan*, vaste oasis qui constitue comme un port où viennent se reposer toutes les caravanes et les voyageurs du désert, est borné au Nord par une ligne de sable, à l'Est par le désert Libyque, à l'Ouest et au Sud par le Sahara. Le climat du Fezzan est remarquable par une brusque différence entre la température du jour et celle de la nuit ; le sable très fin produit une grande quantité d'ophthalmies et de maladies de poitrine. L'industrie y est pour ainsi dire nulle car toutes les marchandises proviennent des importations.

Dans la région montagneuse, on trouve des ruines de l'époque préhistorique. Ce sont des dolmens et autres monuments mégalithiques. Sur le bord de la mer on devrait rencontrer également des ruines des époques carthaginoise et phénicienne, mais jusqu'à présent on n'a pas fait de recherches assez approfondies. De l'époque romaine, il reste entre autres les ruines de *Leptis magna* et de *Bérénice* dont nous parlerons plus loin.

La plage qui forme le point le plus méridional du golfe de la Grande Syrte est absolument inhabitable et les animaux eux-mêmes la fuient. C'est là que se trouvait le repaire de la femme sauvage Lamia et les autels des Philènes, ces deux frères carthaginois qui consentirent à être enterrés vifs en cet endroit où leur tombe marqua la limite définitive entre le territoire de Carthage et celui des Cyrénéens. Les collines situées à quelque distance sont formées de sables mobiles qui, déplacés par le vent, peuvent ensevelir des caravanes ou des armées entières, et ont peut-être, comme on l'a vu, en Égypte, recouvert d'une couche impénétrable des villes et des monuments d'une haute antiquité.

La partie Nord du Pachalik portait sous les Romains le nom de province Tripolitaine, *Tripolitana provincia*. Elle était ainsi appelée de ses trois villes principales, *Sabrata*, *Aea* et *Leptis magna*. Lors de l'invasion du littoral africain, par Genséric, Tripoli fut compris dans le royaume des Vandales, et lorsque Bélisaire les eut chassés, cette ville devint l'une des cinq places où le général romain établit des commandants. Au VIIe siècle, elle fut occupée par les Arabes et au IXe siècle par les Aglabites de Kairouan. Conquise à la fin du XVe siècle, par Ferdinand le Catholique, roi d'Aragon, et cédée par ce monarque aux chevaliers de Malte, elle finit par tomber, en 1551 sous la domination du sultan Soliman II. Enfin, en 1714, Hamet-bey fonda une dynastie sous la suzeraineté de la Porte.

Tout près de Tripoli, en dehors de l'oasis *el-Hani*, on rencontre un monceau de ruines disséminées sur une hauteur. Du côté du Nord s'étend la mer que l'on aperçoit par-dessus la tête élevée des palmiers; au Sud, l'œil ne rencontre que le sable aride du désert. Là s'élevait jadis un château dans lequel Ahmed Caramanli, qui commandait au nom de la Turquie, invita à une fête les quatre cents hommes de troupes turques placées sous ses ordres et les massacra. A la suite de cette exécution, il se déclara

indépendant et fonda une dynastie qui a régné
jusqu'en 1832. A cette époque, une escadre turque
vint à Tripoli sous prétexte de rétablir l'entente entre le dernier des Caramanli et ses fils qui voulaient
le dépouiller du pouvoir. Caramanli fut invité à aller
visiter à son bord le capitan pacha ou grand amiral:
mais, à peine avait-il mis le pied sur le pont que
celui-ci donnait l'ordre de s'emparer de sa personne
et le faisait garder étroitement pendant qu'il débar-
quait des troupes et s'emparait lui-même du gouvernement. Ce fut par cet acte de trahison que les Turcs
reprirent possession de Tripoli qui encore aujour-
d'hui fait partie de l'empire ottoman.

II

TRIPOLI. — DESCRIPTION DE LA VILLE

Tripoli Trabliss, l'antique *Aca* est située par 32° 53'
de latitude Nord et 10° 51' de longitude Est. Bâtie
sur une presqu'île qui s'étend du Sud au Nord, elle
présente de la mer un aspect extrêmement pittoresque. Disséminés de la manière la plus capricieuse,
s'élèvent sept minarets que l'on a comparés non sans
raison à d'immenses chandeliers recouverts de leur
éteignoir ; une tour ronde et une batterie circulaire
terminent la presqu'île. Dans la partie européenne,
les rues sont droites, généralement propres et parsemées de minces arcs-boutants en forme d'arcade qui
servent à soutenir les maisons. Le soir, un mauvais
éclairage à l'huile répand dans ces rues une clarté

douteuse. Les quartiers musulman et juif sont encore loin d'être aussi bien entretenus : au milieu des ruelles de ce dernier coule un ruisseau rempli d'une vase noirâtre qui exhale une odeur insupportable.

La ville est plate et peut avoir environ deux kilomètres de long sur un kilomètre et demi de large. Les maisons sont toutes surmontées d'une terrasse où les habitants se promènent au coucher du soleil. La partie Nord de Tripoli est dominée par une vieille Casbah, bâtie du temps de Charles-Quint et qui tombe en ruines ; au sommet s'élève le phare français d'où l'on jouit d'un point de vue magnifique. Au-dessous de cette forteresse existe une batterie terminée par une tour ronde et formant un petit port sans profondeur dans lequel peuvent se réfugier des barques de pêche. Cette batterie est armée d'une cinquantaine de gros canons en fonte, d'un modèle ancien, dont une bonne moitié, hors de service, gît à terre sans affûts. Comme ces pièces s'étaient rouillées au contact des vagues qui viennent de temps à autre les baigner, le pacha les a fait recouvrir d'une couche de peinture gris perle. Cette batterie, bonne tout au plus à saluer un pavillon, est absolument inutile pour défendre la place.

A l'autre extrémité de la ville, sur l'isthme, s'élève une forteresse qu'on appelle le *château*; C'est un ensemble de bâtiments construits sans ordre, où sont installés différents tribunaux musulmans ainsi que les logements du pacha et d'une partie de la garnison. Le long de la mer on aperçoit encore des

batteries de canons avec leur peinture gris perle ;
ils ne valent pas mieux que les autres.

Le quartier juif est situé à l'Ouest près de la porte
de Hara. Le quartier arabe s'étend entre les murs
d'enceinte et le quartier juif, ses rues sont remarquables par leur irrégularité et leur mauvais entre-
tien. Le long du rempart se trouvent un grand nombre de maisons mal famées.

La ville est administrée par un Cheik-el-Beledia
ou maire, assisté d'un conseil municipal. Pour les
finances il existe un defterdar, sorte d'intendant qui
ne se fait pas faute de réaliser quelques petits béné-
fices.

Le climat de Tripoli est fort doux en hiver. D'après
l'observatoire du consulat de France, la température
la plus basse du matin est de 5° centigrades, c'est
à peu près le minimum observé au Caire. Toutefois,
dans le courant du mémorable hiver de 1879-80, le
mercure est descendu à deux ou trois reprises
jusqu'à 0° et même — 1°. Par les fortes chaleurs de
l'été, la température moyenne est de 30°, mais il
n'est pas rare qu'elle atteigne 45°. Un jour de cette
année même à neuf heures du matin, pendant un
gros sirocco, un thermomètre à alcool placé à l'ombre,
sur une terrasse allait atteindre 50° : on dut le reti-
rer pour l'empêcher d'éclater.

Les vents les plus fréquents sont ceux de l'Est et
du Nord-Est. Le vent de l'Est et le vent du Nord
amènent généralement la pluie. Par certains vents
du Sud, la quantité de sable apportée du désert est

tellement abondante que l'on est obligé de la balayer et de l'enlever à la pelle. Et ce sable est si fin qu'il pénètre dans les pièces les mieux fermées et jusque dans les montres. Pendant ces périodes de vent du Sud on est forcé de se calfeutrer chez soi ou de se réfugier sous les palmiers de l'oasis.

La population de la ville atteint le chiffre de 14 à 18,000 habitants que l'on décompose de la manière suivante: musulmans, de 10 à 12,000; Anglo-Maltais, 2,500; Italiens, 2,000; gens de nationalité diverse. 50. Outre le personnel du consulat, on compte cinq familles de négociants français. La population totale de l'oasis peut être évaluée à 25 ou 30,000 habitants.

La ville de Tripoli est entourée d'une enceinte pentagonale irrégulière percée de cinq portes; ce sont: La porte de la Marine, près de laquelle se trouve le consulat de France; la porte de Hara ou *Bab-el-Djedid* qui s'ouvre à l'Ouest; la porte de la Menchia ou de l'Oasis; enfin la porte du Bacha ou *Bab-el-Handoq*, au pied du château. Ces deux dernières portes sont contiguës.

Le seul monument antique de Tripoli est un arc de triomphe romain construit vers l'an 164 de l'ère chrétienne sous le règne de Marc-Aurèle et de Lucius Aelius Verus. Ce monument ne paraît pas aussi élevé qu'il l'est réellement à cause de la grande quantité de sable accumulée à sa base. Il est construit en pierres de grandes dimensions; à l'extérieur on peut voir des groupes d'hommes et de femmes

malheureusement mutilés. Cet arc de triomphe a été
à peu près converti en maison ; à l'intérieur se
trouve un entrepôt de vins et sur la façade qui borde
la rue on a installé un petit débit de vins et
liqueurs.

La pierre fait défaut à Tripoli ; il n'est donc pas
étonnant que tous les blocs antiques apportés jadis à
grands frais aient disparu peu à peu. Pierre de Na-
varre, général de Charles-Quint, puis les chevaliers
de Malte les ont utilisés en bonne partie. Si quelque
jour on démolit la grande enceinte fortifiée qui entoure la ville, on trouvera, à n'en pas douter, beaucoup de pierres portant des inscriptions.

Le bazar de Tripoli est formé de plusieurs galeries
recouvertes d'une voûte en maçonnerie et bordées de
chaque côté d'une rangée de magasins. On peut citer
le souk des étoffes, le souk des toiles, le souk de la
bimbeloterie, le souk des épices, etc. Le bazar est
séparé en deux par une rue où sont installés des ate-
liers d'orfèvres qui exercent leur industrie d'une
manière toute primitive. Ainsi, pour activer le feu,
ils se servent d'une peau de cochon qu'ils com-
priment après en avoir fermé l'extrémité. Tous les
mardis matin, en dehors de la porte du Bacha, a lieu
le marché remarquable par le grand nombre d'indigènes qu'il attire et la variété des denrées mises en
vente.

Parmi les sept mosquées que possède Tripoli, on
peut citer : la grande mosquée, la mosquée de Sidi-
Dragut et la mosquée de Sidi-Gourdgi ou du Géor-

gien. Ce dernier édifice, qui domine l'arc de triomphe romain, fut construit par un esclave affranchi des derniers pachas Caramanli. Il possède deux étages de balustres pour l'appel à la prière. On trouve également quatre Zaouïas où l'on enseigne le Coran. Tous les vendredis, à l'heure de la prière, les portes de la ville sont hermétiquement fermées dans la crainte que les chrétiens ne profitent du moment où les soldats sont à la mosquée pour s'emparer de Tripoli.

Tripoli possède un hôpital qui comprend trois vastes salles très bien aérées, desservies par des religieuses françaises. La visite des malades est passée tous les jours par un médecin anglais et un médecin maltais. Il existe également une école pour les enfants et les jeunes filles. On y enseigne simultanément la langue française et la langue italienne. Un grand nombre de cimetières arabes entourent la ville. Le lieu de repos des catholiques et des Grecs se trouve près de la porte de la Marine sur un emplacement dominé par le mur d'enceinte de la Casbah ; celui des protestants est placé sur une falaise au fond du port. Le cimetière israélite se trouve un peu en dehors de la porte de Hara.

En quittant le bâtiment de la douane, auquel on a accosté en débarquant, on pénètre dans la ville par la porte de la Marine, et l'on a en face de soi une rue que l'on suit jusqu'à l'arc de triomphe qui s'élève à droite. Si vous continuez tout droit votre chemin vous atteignez le consulat d'Angleterre au delà duquel est le quartier juif ; si au contraire vous

tournez à gauche vous entrez dans la rue principale
de la ville qui porte le nom de rue « du Consulat de
France. »

Une fois la porte de la Marine franchie, tournez
immédiatement à droite et vous passerez devant des
espèces de huttes servant de refuge à de is érables
familles ; bientôt après vous serez aux remparts.
Suivez un instant la muraille : voici le château et
tout à côté le phare d'où la vue est splendide. Si vous
préférez tourner à gauche, vous aurez devant vous
l'agence de la C° Rubattino et non loin de là l'hôtel
de la Minerve.

Dans la rue du Consulat de France dont nous avons
parlé précédemment, on trouve successivement : un
bureau de police, le consulat de France et le consulat d'Autriche-Hongrie. On arrive ensuite à la place
de l'Église, petit rectangle bordé de maisons qui
s'élèvent sans aucun respect pour l'alignement. Sur
cette place sont construits le *Casino del progresso* ou
Cercle du Progrès, et la préfecture de police qui
renferme la prison ; dans une rue voisine, l'église
catholique et le consulat d'Italie. En continuant de
suivre cette dernière rue, on retomberait dans le
quartier juif.

Revenant à la rue du Consulat de France, on rencontre à gauche une impasse étroite qui renferme
l'hôtel Transatlantique. Prenant ensuite la première
ruelle du même côté, on tombe dans une rue parallèle à la rue du Consulat de France : elle porte le
nom de *Souk-el-Turq* ou bazar turc.

Le *Souk-el-Turq* est une des rues les plus fréquentées de la ville. De chaque côté s'élèvent de petites boutiques tenues par des juifs qui y font commerce de marchandises importées d'Europe, de cotonnades de Tunis ou de Jerbah, et d'autres produits variés. Au-dessus du *Souk-el-Turq* s'étend une espèce de charpente tout le long de laquelle courent des branches de vignes. Le vendredi après-midi une vente à l'encan se tient dans cette rue.

Tournant encore à gauche, puis à droite, on arrive à une espèce de kiosque peint en rose tendre. Il est surmonté d'une horloge qui marque l'heure à la turque. On a alors deux rues en face de soi : celle de gauche est bordée d'un côté par le château et se termine par la porte *Bab-el-Handoq* en dehors de laquelle stationnent quelques petites charrettes attelées d'un cheval. Un peu plus loin, on passe sous une double arcade et on se trouve tout à fait en dehors de la ville. Là sont installés quelques cafés maures, et deux longues constructions de forme basse renfermant des magasins d'armuriers et de selliers. A côté se dressent cinq colonnes antiques provenant des ruines de Lebida. Ces colonnes ont la prétention d'être un ornement. L'une d'elles même est plantée la base en haut comme pour rompre la monotonie du coup d'œil.

En continuant de suivre le bord de la mer, on voit des débris de navires et quelques habitations clairsemées. Plus loin c'est l'oasis.

Dans la seconde rue qui part du kiosque, on trouve

à droite l'entrée du bazar, puis la grande mosquée
sous les colonnes de laquelle des cordonniers
exercent leur profession avec cet air de résignation
qui les caractérise dans tous les pays du monde ; de
là on sort de la ville par la porte d'El-Menchia. En
dehors de cette porte deux rangées de petites
échoppes sont des magasins où se vendent des jarres
fabriquées à Jerbah, des poivrons rouges et divers
autres produits. Enfin, après avoir franchi une arcade on est en rase campagne. A gauche, sur une
espèce de terre-plein entouré d'un mur, s'élève un
marabout environné de tombes. A quelques pas de là
un tronçon de colonne, dépassant à peine le niveau
du sol, indique le lieu d'exécution des criminels.

De ce côté de la ville, on peut voir journellement
des scènes offrant un grand cachet de couleur locale :
c'est là que l'indigène accroupi sur une natte fume
béatement son narguilhé au long tuyau en contem-
plant les flots bleus de la Méditerranée à peine ridés
par une brise légère ou les palmiers de l'oasis avec
leurs panaches toujours verdoyants. Çà et là, des
chameaux à l'aspect débonnaire mâchent avec len-
teur de l'herbe nouvelle. Dans un plan plus éloigné
s'élèvent des huttes en chaume autour desquelles
circulent des négresses aux formes rebondies. Esclaves fugitives pour la plupart, ces filles du Soudan
ont trompé la surveillance d'un maître barbare et
sont venues se réfugier sous l'égide protectrice du
consulat de France. Elles vaquent paisiblement à
leurs occupations quotidiennes et semblent aspirer

avec délices l'air de la liberté. C'est encore là que le
marabout au regard sauvage vient planter son éten-
dard à la hampe ornée du croissant et invoque
d'une voix rauque le nom d'Allah en frappant à
coups précipités sur un *Tam-Tam*.

III

OASIS

De nombreuses oasis s'étendent aux portes de
Tripoli ; les principales sont celles de la *Menchia*, du
Sahel et de *Tagiura*. Entre l'oasis de la *Menchia* et
l'oasis du *Sahel* on en remarque une plus petite,
celle d'*el-Hani*. L'oasis qui avoisine la ville se compose d'une vaste forêt de palmiers, coupée par deux
ou trois grandes avenues que des chemins transver-
saux relient entre elles. Ça et là sont bâties quelques
petites mosquées et des habitations dont un grand
nombre tombe en ruines. Des murs peu élevés ou
des haies de cactus servent de ligne de démarcation
entre les propriétés.

Dans cette oasis la végétation se présente sous
trois formes distinctes : Au ras du sol, des légumes
et des plantes potagères ; à quelques pieds plus haut
des orangers, des citronniers, des mandariniers,
des oliviers et des caroubiers au-dessus desquels les
têtes des palmiers répandent leur ombre tutélaire.
Par intervalles sont creusés des puits dont la profondeur varie de 6 mètres à 15 mètres. L'eau qu'on en

tire est généralement saumâtre. Deux montants soit
en bois, soit en maçonnerie, supportent une traverse
à laquelle est adaptée une poulie en bois plein de la
grandeur d'une roue de brouette. Sur cette poulie
glisse une corde à laquelle est accrochée une peau
de bouc pouvant contenir de 10 à 15 litres d'eau. Le
bec en est fixé par une ficelle à l'axe de la poulie.
On fait plonger au fond du puits ce seau improvisé,
et on fixe l'autre extrémité de la corde au joug d'un
bœuf. L'animal descend alors le long d'un plan in-
cliné, disposé de manière à faciliter son mouvement
de traction, et le bec de la peau de bouc s'abaissant
naturellement quand la corde arrive au sommet de
sa course, l'eau se déverse dans un bassin. De là,
elle se répand dans des canaux d'irrigation tantôt
construits en maçonnerie, tantôt creusés à la pioche,
et porte la fertilité dans les terrains environnants.

Les Juifs possèdent dans l'oasis un village nommé
Hamrous où ils habitent à peu près seuls ; de même
que le quartier juif de la ville de Tripoli, cette partie
est d'une malpropreté repoussante. Le sol est jonché
de flaques d'eau et d'excréments de toutes sortes qui
répandent une odeur pestilentielle. On dirait vraiment que ces Juifs sont revenus à l'état sauvage et
cherchent à se défendre, par la puanteur, de tout
contact étranger. A l'entrée de l'oasis un amas de
huttes en alfa composent le village nègre qui peut
contenir de trois à quatre cents habitants.

Sur les confins du désert, des missionnaires français ont acheté une propriété où ils se livrent à la

culture de diverses essences d'arbres, entre autres de
l'eucalyptus qui forme, paraît-il, une excellente bar-
rière contre l'envahissement des sables. Ces religieux
ont établi à la porte de leur maison une espèce
d'ambulance où les indigènes peuvent venir se faire
soigner gratuitement. Cette institution charitable est
vue d'un œil favorable par les Arabes et pourra contribuer puissamment à la civilisation de ces peuplades
primitives. Il est bon de remarquer à ce sujet que
les Arabes, race dominée par les côtés matériels de
la vie, ont un grand respect pour les médecins : d'où
l'on peut induire que pour faire pénétrer l'influence
européenne parmi les peuples barbares du Sahara,
il vaudrait mieux leur envoyer des docteurs en mé-
decine, assurés de jouir chez eux de quelque prestige,
que des colonnes expéditionnaires toujours embar-
rassées d'un nombreux matériel.

IV

VILLES PRINCIPALES DE LA TRIPOLITAINE. — VÊTE-
MENTS. — COUTUMES, MŒURS DES INDIGÈNES

Les trois cités antiques d'où la ville de Tripoli a
tiré sa dénomination actuelle portaient les noms de
Sabrata, d'*Aea* et de *Leptis magna*.

En suivant le littoral depuis la frontière tunisienne, on trouve d'abord *Sabrata* que les marins

italiens appellent *Tripoli vecchio* et les Arabes *Zouara*.
Il ne reste actuellement presque aucun vestige de
cette ville qui fut détruite de fond en comble par les
Arabes sous le règne du second Khalife Omar. Après
avoir traversé l'oasis de Zenzour, on arrive ensuite
à *Aea*, dont le port est désigné aujourd'hui sous le
nom de Khoms.

La cité de *Leptis magna*, fondée par les Phéniciens
de Sidon, occupait autrefois le premier rang après
Carthage et Utique: elle fut le lieu de naissance de
l'empereur Septime Sévère. Sur l'emplacement de la
ville même et dans ses environs, on recueille des
monnaies antiques de toutes les époques, en or, en
argent et en cuivre, ainsi que des fragments de sta-
tues et de colonnes. On y remarque les ruines d'un
amphithéâtre et d'un aqueduc. A *Leptis magna*, le
champ d'exploration est tellement vaste et riche que
le gouvernement anglais a transmis, il y a quelques
années, à son consul général, l'ordre d'y exécuter des
fouilles. Ces recherches ont été fécondes au point
que l'on a dû envoyer d'Angleterre une frégate pour
transporter à Londres, où elles font aujourd'hui l'ornement d'un musée, le grand nombre de richesses antiques que l'on y trouva. Notre consul général à Tripoli, M. Féraud, dont la passion pour l'archéologie est
bien connue, est vraiment désespéré de ne pouvoir
suivre l'exemple de l'Angleterre et contribuer ainsi
à enrichir les musées français d'objets nouveaux.

En continuant de suivre le littoral, on rencontre
Benghazi, *Grenna* et enfin *Derne*. De Tripoli à Ben-

ghazi on compte quinze jours de voyage à cheval par étapes. On peut trouver parfois à Tripoli des bateaux anglais qui font escale à Benghazi et accomplissent le trajet en deux jours et demi ou trois jours.

Bâti sur les ruines de l'antique *Bérénice*, le gros bourg de Benghazi s'étend le long de la plage. On peut estimer sa population à 8 ou 10,000 habitants. Sur les bords de la mer s'élève un château turc en très mauvais état, dans lequel habitent le pacha gouverneur de la province et les troupes qu'il a sous ses ordres. A l'Ouest, on voit le minaret d'une mosquée.

Benghazi est traversé par une longue rue parallèle au rivage, les maisons sont généralement plates et peu élevées. L'édifice le plus important est l'église catholique, non loin de laquelle, dans une grande maison sans architecture, des religieuses françaises dirigent une école et ont une sorte d'ambulance où elles distribuent des médicaments aux indigents.

La rade est toute petite et peu sûre. Non loin de la ville, un vaste marais répand ses miasmes délétères ; une foule de mouches et de moucherons en couvrent la surface. Ce marais est un véritable foyer de maladies, et toutes les fois qu'une épidémie règne en Tripolitaine, on peut être sûr qu'elle a pris naissance à Benghazi. A peu de distance de la ville et dans l'intérieur des terres, on trouve d'assez jolis jardins, où les habitants vont passer l'été. En faisant des fouilles sur l'emplacement de la ville antique, on a mis à jour des vases étrusques d'une grande beauté.

Au nombre des produits commerciaux de la localité, on peut citer les éponges que l'on pêche dans les eaux mêmes de Benghazi.

Entre Benghazi et Derne se trouve *Grenna*, qui a remplacé la ville de *Cyrène*. Cette cité antique était bâtie sur une montagne, à 8 kilomètres de la mer, et avait une étendue considérable. On y a découvert un grand nombre de tombeaux et de grottes sépulcrales.

Le dernier centre de population qui mérite d'être cité sur la partie orientale du littoral tripolitain, est *Derne*, autrefois *Dardanis*; il se compose de plusieurs parties distinctes.

De Tripoli à Ghadamès, *Cydamus*, on compte environ 520 kilomètres; à dos de chameau, le trajet s'accomplit en une quinzaine de jours. Sur la route se trouvent un grand nombre d'oasis et de puits. Les étapes principales sont : *Zenzour, Bir-bou-Della, Kedoua, Rabta, Suedna, Djarfet, Zefren, Zenthan, Bir-Harize, Sinaoun, Mezazem.*

L'oasis de Ghadamès a environ 190 hectares de superficie, et la ville compte de 6 à 7,000 habitants. Les maisons sont bâties avec du sable et de la boue desséchée et leur disposition est différente selon qu'elles servent d'habitation ou simplement de magasin. Elles ont, au lieu de toits, des terrasses qui se prolongent d'une maison à l'autre et recouvrent les rues de la ville qu'elles rendent fort obscures. Ces terrasses semblent former une seconde ville aérienne réservée uniquement à l'usage des femmes: c'est là,

en effet, qu'elles font leur cuisine, c'est de là qu'en
passant d'une terrasse à l'autre elles se rendent dans
les différentes parties de la ville. De distance en distance on trouve des réduits où les commerçants indispensables, épicier, boulanger, etc., exercent leur
industrie.

Le climat de Ghadamès est sain, l'air pur et sec.
Le costume des habitants se compose de plusieurs
haïks, dont l'un sert spécialement à voiler les yeux
et la bouche, pour les garantir du sirocco, de babouches en cuir jaune et du tarbouche traditionnel.
Chaque habitant, quand il sort de chez lui, emporte
les clefs de sa maison, — ces clefs sont, pour la dimension, comparables à celles d'une forteresse, — et fait
sa promenade en les tenant suspendues à son poignet
par une lanière de cuir. A 250 mètres au Sud-Ouest
de l'oasis, s'étendent des vestiges de construction que
les Arabes nomment *senam* ou les idoles.

De Ghadamès à *Mourzouk* on compte vingt jours
de route à dos de chameau. La ville de Mourzouk,
capitale du Fezzan, est divisée en deux parties par
une large artère principale garnie de boutiques et à
laquelle viennent aboutir la plupart des rues trans-
versales. A chaque extrémité de cette voie se trouve
une porte. La population de Mourzouk peut être
estimée à quelques milliers d'habitants, sans tenir
compte de la population flottante. Son climat est
insalubre.

De Tripoli à *Tembouctou* il y a environ quatre-
vingt-dix journées de marche. Pendant la route on

traverse des plaines de sable où on rencontre de
rares villages et des puits qui contiennent une eau
chargée de magnésie. Parfois l'eau manque totale-
ment. La ville de Tembouctou occupe, au dire des
géographes, une assez grande étendue et ne possède
que des maisons à un seul étage construites en boue.
Quoique déchue de son importance passée, elle renferme encore environ 20,000 habitants. Il est à
remarquer que tous les voyageurs qui reviennent de
Tembouctou sont porteurs de pépites d'or trouvées
dans le lit des rivières, et qui proviennent évidemment des gisements situés au centre de l'Afrique.

A Tripoli, le costume des indigènes manque de
grâce ; il se compose principalement d'une grande
couverture carrée dont ils se drapent et se recouvrent
la tête ; c'est le baracan. Dans la ville, il n'est pas
rare de rencontrer des citadins revêtus d'un pantalon
à l'européenne, qui forme un singulier contraste avec
le reste de leur costume. Quand les femmes sortent
de chez elles, elles se couvrent également d'un vaste
baracan qu'elles disposent de façon à ne laisser voir
qu'un œil ; celles qui viennent de Constantinople
portent en dessous un costume à l'européenne.

Les Juifs tripolitains endossent par-dessus leur
pantalon une vaste chemise flottante et se couvrent
la tête d'un turban de couleur noire ou bleu foncé.
Les Juifs livournais ou algériens s'habillent d'une
manière très coquette ; ils portent une veste courte
et un large pantalon couleur vert tendre ou bleu
ciel. Les jours de fête, ils sont en grande toilette avec

bas blancs bien tirés, burnous en drap bleu et coiffure rejetée en arrière.

Le costume d'intérieur des femmes arabes, des femmes turques et des juives est à peu près semblable. Il se compose d'un *sseroual* ou pantalon attaché en dessous du genou, d'une *cardia* ou *fromla*, gilet ouvert sans manches, d'une *soria*, chemise en soie aux manches très larges, rayée de rouge, de jaune, de vert et de bleu, enfin, d'un baracan de dessus en soie ou en laine mais toujours blanc. Les femmes de Tripoli ne portent généralement pas de bas, comme coiffure elles ont une *kuffia* serrée à la tête par deux mouchoirs noués par derrière. Le mouchoir de couleur noire est le signe distinctif des femmes mariées. Comme complément indispensable, elles suspendent à leurs oreilles de grands anneaux ornés de pierreries, et portent aux bras des bracelets en métal mince qui ont plus de douze centimètres de largeur, au cou, des colliers de monnaies d'or, enfin, aux chevilles, des anneaux de grande dimension.

Autant ces vêtements sont bon marché quand ils sont modestes, autant atteignent-ils des prix très élevés quand on en fait des objets de luxe. Ainsi, un pantalon qui coûte 2 francs en simple étoffe d'indienne, vaut à peu près 100 francs s'il est en soie ou en brocart. Un baracan en bonne laine ordinaire est payé une quinzaine de francs ; en soie ou en or, il atteint plusieurs centaines de francs. Ajoutez à cela quelques anneaux d'or qui coûtent jusqu'à 4,000 francs, et il ne semblera pas exagéré de dire que certaines

Juives sont parées comme les madones que l'on pro-
mène aux processions de Séville.

Sous le rapport du costume et des mœurs, les
Arabes ressemblent à peu près à leurs coréligionnaires de la Tunisie ; toutefois, en Tripolitaine, le
fanatisme est plus développé. Aujourd'hui que la
misère règne dans le pays et fait disparaître toute
sécurité, les tribus sont en guerre continuelle et l'on
s'expose à être assassiné si l'on ne voyage pas en
force. Impossible de faire un pas sans rencontrer les
naturels avec le fusil en bandoulière et le pistolet à
la ceinture. Les violations de domicile, les vols, les
meurtres sont extrêmement fréquents, et les Turcs
ne font rien pour remédier à un état de choses aussi
déplorable. Ajoutez à cela un fanatisme très ardent,
dont les Juifs sont assez souvent victimes.

La musique indigène est très originale. Au moment
d'une fête on peut voir les nègres exécuter la danse
des bâtons. Dans ce divertissement, un certain nombre de noirs, armés d'une courte matraque, marchent
en cercle, se retournent au son de la musique et cho-
quent leurs bâtons avec un grand ensemble. Dans
toutes les maisons européennes ou indigènes où l'on
pénètre, il est de coutume que les négrillons ou tout
autre domestique s'empare de la main du visiteur
pour la baiser. Dans les maisons juives, cette marque
de politesse est réservée aux femmes.

A Tripoli on rencontre quelques bains maures
assez sales, du reste. On y épile les femmes à la
chaux vive et à la pierre ponce.

Les coutumes des Juifs tripolitains sont les mêmes que celles des Juifs tunisiens ; beaucoup d'entre eux sont très riches, mais ils n'en continuent pas moins à habiter leur quartier ou *Hara*, dont nous avons parlé précédemment. Les Juifs tout à fait pauvres paraissent encore plus abrutis que les Arabes, et, comme leurs coréligionnaires du Maroc, sont souvent en butte à des persécutions, mais, il faut le dire, dès qu'ils ont obtenu la protection d'un consulat quelconque, ils abandonnent bien vite leurs allures soumises et rampantes, et deviennent d'une arrogance extrême.

A Tripoli, le taux légal de l'intérêt est de 12 0/0, mais, dans la pratique, il atteint des proportions fabuleuses. Du reste, l'usure est parfaitement admise dans les pays d'Orient, et les habitants préfèrent emprunter à *trois ou quatre cent pour cent*, à terme toujours renouvelable, que de payer 8 0/0 à une société européenne qui les ferait exproprier impitoyablement à l'échéance.

On nous permettra de citer un fait qui donne un aperçu exact de l'état de civilisation du pays. Tout récemment, quatre soldats turcs ne sachant qu'inventer pour assouvir un fanatisme que l'oisiveté pousse bien vite à son paroxysme, s'avisèrent de pénétrer nuitamment dans le cimetière européen de Tripoli. Là, après avoir brisé la porte de la chapelle et saccagé tout ce qu'elle renfermait, ils entreprirent la sinistre besogne de violer la tombe d'un matelot du vaisseau français le *Magenta*, qui se noya il y a cinq ans dans le port. A force de travail, ils parvinrent à mettre à découvert quelques ossements et se donnèrent la joie suprême d'outrager les restes d'un chrétien et d'un Français.

Notre représentant ne laissa pas ces insultes impunies. Aussitôt averti, le consul général de France, M. Féraud, se transporta sur les lieux, puis se rendit chez le pacha et le somma de convoquer immédiatement le général commandant les troupes, et tout l'état-major de la garnison. Devant ces militaires assemblés, il tint un langage tellement énergique, que les officiers ne purent trouver que des paroles d'excuse. Il fut ensuite décidé que l'on procéderait de nouveau à l'enterrement du marin français. En effet, quelques minutes après, le consul en grand uniforme, le pacha, le corps d'officiers et un détachement de troupes turques, auquel s'était joint la population de la ville, se rendaient au cimetière, et là, le drapeau tricolore déployé, on replaçait dans leur tombe, les restes d'un brave dont ces barbares fanatiques avaient osé troubler le dernier sommeil. Les soldats turcs durent combler la fosse avec des poignées de terre qn'ils ramassaient de leurs propres mains. Un juste châtiment a atteint depuis les coupables; ils ont été condamnés à cinq ans de travaux forcés et à la dégradation militaire.

V

GOUVERNEMENT. — RELIGION. — JUSTICE. — ARMÉE. — MARINE. — AGRICULTURE. — COMMERCE. — INDUSTRIE.

Depuis 1832, la Tripolitaine a formé tantôt un tantôt deux villayets : le villayet de *Tripoli* proprement dit et celui de *Benghazi* où sont placés des gouverneurs de province. Pour maintenir sa domination, la Turquie entretient dans chacun de ces villayets des troupes dont l'effectif varie suivant les circonstances.

L'intérieur du pays se divise en districts ou *Kaimakamats* réunissant plusieurs tribus sous un même commandement. Les gouverneurs ou kaimakams sont toujours des Turcs. sauf quelques rares exceptions ; ils se contentent d'exploiter le pays et ne l'administrent guère. Les emplois de kaimakam sont à peu près mis aux enchères par le pacha gouvernant, et adjugés au plus offrant et dernier enchérisseur. Après avoir remis au pacha le prix d'investiture, le nouveau chef se rend dans sa tribu et commence au plus tôt l'exercice de ses fonctions, c'est-à-dire de ses exactions, afin de rentrer dans les avances qu'il a faites pour acheter sa charge ; ensuite il se met en devoir de réaliser un bénéfice honnête. Après un temps plus ou moins long, lorsque le pays est suffisamment rançonné et que des plaintes s'élèvent de toutes parts, le pacha destitue le kaimakam enrichi et en nomme un autre qui s'empresse d'imiter son prédécesseur. Tout, du reste favorise les concussions.

Les états nominatifs des fortunes privées ne sont pas établis par année ; aucune espèce de reçu n'est fourni par le percepteur, et il arrive très fréquemment qu'un propriétaire paie jusqu'à cinq fois l'impôt annuel, sans compter les diffas, les corvées et les petits cadeaux de rigueur à l'occasion de l'arrivée d'un nouveau chef. Que devient cet argent ? il n'en entre pas le quart dans les caisses de l'État !

Les douanes sont administrées par un directeur. De plus pour se couvrir des avances qu'elle a faites au gouvernement, la réunion des banquiers de Galata a la haute surveillance sur les contributions et entretient à Tripoli un inspecteur chargé de sauvegarder ses intérêts.

Les habitants de la Tripolitaine suivent la religion musulmane. Les Turcs font partie de la secte *H'Anafite*, les Arabes de la secte *Malekite*. L'ordre religieux le plus suivi est celui des Snoussi fondé par des réfugiés algériens ; ce sont des fanatiques dangereux et que nous ne saurions trop surveiller. Un nombre considérable de Berbères professe la religion des Mozabites algériens, c'est-à-dire la secte Ouhabite qui a son chef à Mascate. Ces derniers habitent surtout les montagnes et toute la région qui avoisine la frontière tunisienne du côté de Jerbah.

La grande majorité des Européens, en Tripolitaine, est catholique. Le culte est dirigé à Tripoli par un préfet apostolique qui appartient à l'ordre des franciscains. Depuis trois cents ans, la mission dont il est le chef se trouve sous le protectorat de la France qui en a favorisé le développement. On nous doit également la construction de l'église et du cimetière.

Les Israélites sont assez nombreux en Tripolitaine, il est à remarquer qu'ils ont deux jours de jeûne de plus que dans les autres pays en commémoration de deux violentes persécutions exercées sur eux par les Arabes.

Tripoli possède un tribunal de commerce et un tribunal de faits criminels ; on y remarque également un procureur impérial et un président de la Cour d'appel.

La police de la ville est sous la direction d'un officier commandant à un certain nombre de soldats de police ou zaptiés. Les exécutions sont peu fréquentes, et dans ce cas un zaptié tranche d'un coup de sabre la tête du condamné. Par un sentiment superstitieux, le bourreau boit aussitôt une gorgée du sang de la victime ; sans cela, dit-il, il serait infailliblement hanté par son esprit.

Le commandant des troupes a le titre de Livapacha ou de général de brigade. Il a à sa disposition une garnison dont l'effectif varie, suivant les circonstances, de 400 à 2,000 soldats d'infanterie, deux escadrons de cavalerie, chacun de 100 hommes, et de 4 ou 6 pièces de canon de campagne. On peut compter en outre comme force armée les contingents fournis par l'oasis qui avoisine la ville. Au moment

de la prise de possession, comme il entrait dans les
desseins de la Turquie de se faire des alliés dans le
pays, les habitants de cette oasis furent dispensés de
tout impôt, mais à la condition de fournir à l'occasion
le service militaire à l'aide de leurs contingents.
Cette espèce de garde nationale peut mettre en campagne environ 500 cavaliers et 1,000 fantassins.

Le costume des soldats se compose d'une courte
veste noire bordée de rouge, d'une large culotte qui
s'arrête au genou, de jambières en drap noir, enfin
d'un tarbouche ou calotte rouge à gland noir. Les
cavaliers ont des bottes à la place de jambières. La
tenue et les armes sont généralement dans un état
de vétusté fort avancée. L'uniforme des officiers
consiste en une tunique noire boutonnant droit, un
pantalon de même couleur demi collant et un tarbouche. Les soldats turcs sont généralement de
robustes montagnards que leur gouvernement a le
tort de laisser dans une profonde misère. Depuis deux
ans, ils n'ont pas touché de solde ; toutefois on con-
sent à leur donner des vivres. Mais, la pitance qu'ils
reçoivent est sans doute bien maigre, car il n'est pas
rare de voir les soldats turcs en maraude ou deman-
dant humblement l'aumône à la porte d'une maison
européenne.

Tous les jours à quatre heures du soir, la musique
de la garnison va jouer sous les fenêtres du pacha.
Sauf une espèce d'air national exécuté avec assez
d'ensemble, les morceaux sont interprétés selon le
caprice de chaque musicien. C'est à ce moment qu'a

lieu la parade du soir, et les troupes formées sur deux
rangs et sans armes poussent à trois reprises le cri
de : « Vive le Sultan, » avant d'aller manger la soupe.

Le gouvernement turc entretient à Tripoli un
vapeur de l'État stationnaire à la disposition du gouverneur. Le bâtiment qui se trouvait là pendant
notre séjour, n'étant pas suffisamment solide pour
résister à la saison d'hiver, a été obligé de se réfugier
dans un port un peu plus sûr. Le drapeau turc est
couleur rosâtre avec un croissant et une étoile qui
se détachent en blanc. Le drapeau tripolitain est
formé d'un simple carré rouge.

En Tripolitaine, on cultive le blé et l'orge suivant
la méthode arabe. Comme la population écrasée
d'impôts est obligée de vendre le produit des récoltes
pour se procurer de l'argent, il en résulte que non
seulement on conserve peu d'approvisionnements en
céréales dans le pays, mais qu'il faut encore parfois
en importer d'Europe pour les semailles de l'année
suivante. Il n'est donc pas surprenant que la misère
et la famine menacent souvent ces malheureuses
populations.

Parmi les autres denrées on peut citer encore les
dattes et les olives. Jadis, le pays en produisait une
quantité considérable et on les exportait en Europe,
mais par suite du régime oppresseur des Turcs et de
la lourdeur écrasante des impôts, beaucoup de campagnards ont abandonné leur culture et les arbres
ont péri faute de soins. On trouve encore le sorgho,
le maïs, le piment, la grenade, le melon, la pastèque,

la vigne, le héné. Les orangers et les citronniers y
poussent admirablement. Toutes ces richesses natu-
relles pourraient atteindre un développement considérable si l'agriculture était un peu favorisée.

Les moutons et les bœufs sont en majeure partie
achetés par des Maltais et expédiés dans leur île, où
ils servent à l'alimentation des habitants et de la
garnison.

En 1879, le chiffre de l'importation a été de
14,126,695 francs, et celui de l'exportation de
12,544,214 francs, soit 26,664,900 francs pour les deux
exercices réunis. Dans ce chiffre figure au premier
rang la Grande-Bretagne qui, grâce à son vaste entrepôt de Malte, entretient des relations suivies avec
la Tripolitaine où elle expédie des tissus, des cotonnades, du café et une grande variété de produits de
consommation. Ensuite vient la France qui importe
des soieries fabriquées à Lyon et à Nîmes, des fils
et des galons d'or de Lyon, de la quincaillerie de
Saint-Etienne, du sucre des raffineries marseillaises,
des cuirs, des peaux, du zinc, de l'étain, de la mer-
cerie, des porcelaines, des cristaux, des farines, des
bougies, des articles de mode, etc.

En 1879, on a importé en Tripolitaine pour
2,148,000 francs de produits français, et pendant la
même période nous avons exporté de Tripoli pour
2,378,000 francs de marchandises. Dans le mouvement de la navigation pendant la même année l'Angleterre compte pour 221,438 tonnes, l'Italie pour
107,057, la France pour 2,054.

Au nombre des substances exportées, on peut citer du natron qui entre dans la composition du savon, des peaux de chèvres qui servent à fabriquer les gants de Grenoble, des os et des chiffons.

Les petits tapis de *Mesrata* jouissent d'une certaine réputation. A Tripoli, quelques industriels indigènes font venir du coton d'Angleterre, le tissent après l'avoir teint en diverses couleurs. Les petits pains que l'on confectionne dans cette dernière ville sont d'une belle couleur dorée et présentent un aspect fort appétissant.

Le marché de Tripoli approvisionne les caravanes qui se rendent dans l'intérieur de l'Afrique.

Epuisée par une administration déplorable, la population des campagnes a pu vivre dans ces derniers temps grâce à la vente de l'alfa qu'elle apporte dans le port de Tripoli où il est embarqué à destination de Liverpool et de Cardiff. Ces transports se font au moyen de bateaux naviguant sous pavillon anglais et italien; aussi voit-on constamment dans le port de Tripoli quatre ou cinq vapeurs et à peu près le double de gros voiliers chargeant de l'alfa.

TUNISIE

I

SITUATION. — BORNES. — COURS D'EAU. — CHOTTS. MER INTÉRIEURE. — CLIMAT

La Tunisie est comprise entre 33° et 37° 20' de latitude Nord et 5° 33' et 8° 54' de longitude Est du méridien de Paris.

Elle est bornée au Nord et à l'Est par la mer Méditerranée, à l'Ouest par l'Algérie, au Sud par la Régence de Tripoli. Le système orographique de cette contrée est le même que celui du reste de la côte barbaresque. On divise en deux groupes principaux les chaînes de collines et de montagnes qui traversent son territoire du Sud-Ouest au Nord-Ouest : 1° le massif *Tellien* ainsi appelé parce qu'il limite, dans sa plus grande étendue, le Tell algérien ; 2° le massif *Africain*, du nom de l'ancienne province romaine d'Afrique. Ces massifs portent différents noms sans cesser de former deux chaînes bien distinctes. On remarque ensuite une suite de collines qui se dirigent du Nord au Sud.

Parmi les principales rivières, on doit citer : au nord l'*oued-Zouara* qui se jette dans la Méditerranée, l'*oued-Medjerdah* (Bagradas) qui prend sa source en Algérie et se jette également dans la Méditerranée, après avoir traversé la Tunisie du Sud-Ouest au Nord-Est. Ses principaux affluents, en partant de la frontière algérienne, sont : 1o sur la rive droite l'*oued-Meliz*, l'*oued-Tougourt*, l'*oued-Mellègue*, l'*oued-Arcou*, l'*oued-Kel*, l'*oued-Siliana*, l'*oued-el-Ahmar*, l'*oued-Chafferoun*, l'*oued-Chaffour*; 2o sur la rive gauche l'*oued-Ghragrai*, l'*oued-Melah*, l'*oued-Boujarim*, l'*oued-bou-Heurtria*, l'*oued-Kasseb*, l'*oued-Melah*, l'*oued Toroch*, l'*oued-Louar*, l'*oued-Béja*, l'*oued-Srir*, l'*oued-Sudfra*, l'*oued-Melah*, l'*oued-Zarga*, l'*oued-Bittit*, l'*oued-Abdallah*, l'*oued-Edelem*.

Plus au Sud on trouve l'*oued-Melian* qui se jette dans le golfe de Tunis.

Le long des côtes on remarque un grand nombre de cours d'eau d'une importance très secondaire. Enfin le centre de la Tunisie est sillonné par quelques rivières plus ou moins considérables qui se jettent soit dans le *Sebkhah-Faraoun*, soit dans d'autres lacs.

Le Chott' le plus vaste est celui de *Melrir'* qui, prenant naissance dans le département de Constantine, en Algérie, se prolonge en Tunisie sous le nom de *Sebkhah-Faraoun;* il communique avec le golfe de Gabès par la petite rivière d'Oudrif.

A la suite des opérations géodésiques faites en 1873, sous la direction de M. le commandant Roudaire, au sud de Biskra, il fut constaté que le bord occidental du lit du Chott' Melrir' était à 27 mètres au-dessous du niveau de la mer. Des sondages récents ont encore démontré que le seuil de Gabès est formé de sables et de marnes sablonneuses et argileuses. Le projet de mer intérieure, dont le commandant Roudaire poursuit l'exécution, consiste à relier le fond des Chott's au golfe de Gabès par un canal d'environ vingt kilomètres. Espérons que cette œuvre s'accomplira un jour et nous offrira un nouveau point de pénétration dans le Sahara.

M. Wood, ancien agent diplomatique de la Grande-Bretagne à Tunis, a émis, sous une forme assez originale, une idée qui, si elle était sérieusement approfondie, pourrait faire connaître avec certitude le véritable emplacement de la mer *Triton* qu'il fixe entre l'île de Jerbah et le continent. On observe en effet dans ce golfe, entre l'île et la côte, qu'au moment du flux, les thons et les autres poissons sont entraînés dans cette petite mer, qu'ils en contournent les bords tant que la mer est haute sans pouvoir en sortir parce qu'ils ne peuvent surmonter la force du courant ascendant. Mais, lorsqu'arrive le reflux, un courant opposé se produit et les poissons sont emmenés vers le large. Le même phénomène n'aurait-il pas entraîné dans le même cercle la barque de Jason? Le flux ne l'aurait-il pas portée dans le golfe, et la barque contournant la côte sans pouvoir trouver une issue, ne serait-elle pas sortie naturellement au moment du reflux ainsi qu'un triton qui était entraîné par le même courant et qui précédait la barque ?

La Tunisie actuelle comprend les deux anciennes provinces romaines de la Byzacène et de l'Afrique proconsulaire ; cette dernière province s'étendait du cap Bon à l'extrémité du golfe de Gabès. En remontant aussi loin que nous le permettent les données historiques que nous possédons, nous trouvons comme populations primitives du littoral africain les Lybiens, les Numides et les Maures. En arrière de ceux-ci s'étendaient à l'Est les Garamantes, à l'Ouest les Gétules, enfin au dernier plan les Éthiopiens. Comme ces populations étaient nomades, il n'est pas possible d'indiquer d'une manière certaine les limites du territoire qu'elles occupaient.

On peut partager la Tunisie en deux régions principales : 1° la région du Nord connue sous le nom de *Tell* ou *Ferikia* et parcourue par les deux massifs montagneux dont nous avons déja parlé ; 2° la région du Sud ou *Sahel*, plate et parsemée de *sebkhahs* ; on y rencontre des oasis disséminées au milieu de plaines de sable.

Le climat du Nord de l'Afrique est essentiellement différent du nôtre. Il n'y a en réalité que deux saisons : l'hiver, ou saison des pluies, qui dure du mois d'octobre au mois d'avril, et l'été qui comprend tout le reste de l'année. Cette division, toutefois, est loin d'être absolue et les années ne se ressemblent pas. Quand les pluies surviennent de bonne heure, c'est-à-dire à la fin de septembre, la seconde quinzaine d'octobre est généralement sèche et cet état persiste jusqu'à la fin du mois de novembre. Alors la température est agréable et le soleil brille du matin jusqu'au soir. Le mois de décembre est ensuite marqué par des pluies d'assez longue durée, et la température, sans être réellement froide, constitue un véritable hiver pour les habitants qui ont eu à supporter l'extrême chaleur de l'été.

Dans tous les cas, à Tunis le thermomètre ne descend pas au-dessous de zéro, et dans les journées les plus froides, la température varie de 4° centigrade, au lever du soleil (moment le plus froid des vingt-quatre heures), jusqu'à 12° environ à midi. Le soleil est toujours chaud et accuse rarement moins de 23° centigrade. Cette différence d'une douzaine de degrés entre la température de l'air et la chaleur des rayons du soleil est très sensible au moment où l'astre disparaît de l'horizon. La transition est parfois des plus brusques, l'air produit une impression toute nouvelle. Il semble que l'on soit transporté subitement dans une contrée différente. Toutefois, l'équilibre se fait peu à peu dans l'atmosphère, et la température de la soirée devient douce et égale.

Le mois de janvier est réputé pour sa douceur, les mois de février et de mars en diffèrent, par des coups de vent d'Ouest et des pluies torrentielles. On trouve néanmoins, même pendant les plus mauvais mois de l'hiver, des périodes d'un temps printannier aussi bien sur terre que sur mer. Le mois d'avril est splendide, la nature entière semble se réveiller et la cam-

pagne se remplit de senteurs inconnues en Europe.
Mai est très beau et la campagne verdoyante brille de
son plus vif éclat. Enfin, avec la mi-juin commencent
les grandes chaleurs qui durent jusqu'au milieu de
septembre et parfois davantage.

II

ARRIVÉE À LA GOULETTE PAR MER. — DESCRIPTION DE
LA GOULETTE. — MOYENS DE COMMUNICATION ENTRE
LA GOULETTE ET TUNIS. — SITUATION DE TUNIS,
POPULATION, FORTIFICATIONS, PORTES ET RÉSUMÉ
DU PLAN DE LA VILLE.

Après avoir dépassé Bône, le paquebot suit le littoral algérien jusqu'au cap Roux qui marque la
frontière. A partir de ce cap la côte présente un aspect escarpé et prend la direction E.-N.-E. jusqu'à
Tabarka, îlot stérile qui appartint pendant plusieurs
siècles aux Génois et dans lequel on peut voir encore
les ruines de magasins et les restes d'un château
fort.

On double ensuite le cap Nègre où se trouvait autrefois un comptoir de la compagnie d'Afrique. A
vingt-cinq milles au Nord du cap Nègre on aperçoit
l'île de la *Galitte*, ancien repaire de pirates et de con-
trebandiers, habitée aujourd'hui par une famille de
colons italiens. La côte Sud de cette île offre un assez

bon mouillage temporaire. Au Sud-Ouest de la Galitte s'étend l'îlot de *Galitona*.

Plus loin on rencontre le *Ras-el-Munchihar* ou cap *Serrat* dont les alentours sont parsemés de bancs de corail ; dans le voisinage sont les *Fratelli*, deux rochers isolés séparés par un chenal d'un demi-mille de large avec des fonds de 46 à 64 mètres. Vient ensuite le cap Blanc, puis on arrive à hauteur de *Bizerte*, petit port où se réunissent les bateaux corailleurs.

A cinq milles, au N.-E. du cap *Zebib*, que l'on double plus tard, on aperçoit l'*île des Chiens*, composée de cinq îlots ; sur le plus grand s'élève un phare à feu fixe blanc. Quelques instants après on est devant le cap *El-Mekki* qui forme l'extrémité occidentale du golfe de Tunis ; vis-à-vis de la petite ville de *Porto-Farina* on voit l'île Plane (Corsura). A peu de distance de là se trouve l'embouchure de la Medjerdah. Les ruines d'Utique s'étendent au bord de cette rivière à une douzaine de kilomètres du littoral.

Le *Ras-Addar*, qui constitue la pointe occidentale de l'immense golfe de Tunis, est situé à 66 kilomètres du cap *Sidi-Ali-el-Mekki* qui en forme l'autre extrémité. En entrant dans ce golfe, on a à sa gauche les crêtes dénudées des monts *Soliman* et *Korbès*, en face de soi, au sud le village de *Hammam-el-Lif* dominé dans le lointain par le pic de Zaghouan, enfin à sa droite le village de *Sidi-bou-Saïd* à côté duquel on a construit un petit phare à feu tournant. Les figuiers de Barbarie, couleur vert tendre, qui entourent les blanches maisons de ce village et les flots bleus de la mer éclairés par un soleil radieux forment un paysage des plus ravissants.

Le paquebot mouille non loin de la petite ville de la Goulette et des barques viennent chercher les voyageurs. En hiver le débarquement des marchandises est parfois impossible et il n'est pas rare de voir le courrier repartir avec son chargement. Quand les vents soufflent du N.-O. ou du S.-E., les navires de guerre sont quelquefois même obligés d'allumer leurs feux pour ne pas aller à la côte.

La petite ville de la Goulette que les Arabes nomment *Halk-el-oued* ou le gosier du canal portait sous les Romains le nom d'*oppidum ligulæ*. Elle est partagée en deux parties bien distinctes par un canal dont la largeur maximum est de 18 mètres et qui met en communication le lac de Tunis avec la mer.

Dans la partie qui se trouve à main gauche en entrant dans le canal, on remarque le palais où le bey rend la justice en été, la douane et l'arsenal. Les quatre gros piliers qui s'élèvent tout près du palais et en dehors du mur d'enceinte servent à pendre les criminels. Les barques accostent à la douane et les bagages une fois visités on franchit le pont de bois qui mène sur la partie opposée.

Immédiatement après avoir franchi ce pont, on se trouve sur une courte avenue plantée d'arbres et bordée de maisons et de cafés. En longeant le bord du canal vers la droite, on voit une batterie composée de trente-cinq canons rayés de différents calibres. En suivant l'avenue, on passe la porte du palais du bey qui s'élève à droite et on atteint bientôt la gare du chemin de fer. En continuant tout droit, on arriverait à la colline de Saint-Louis et aux ruines de Carthage.

La Goulette est bâtie avec des matériaux provenant des ruines de Carthage : elle renferme environ 3,000 habitants dont 1,485 chrétiens, 1,300 musulmans, 200 israélites et une quinzaine de Grecs. Il faut ajouter que pendant la belle saison ce chiffre se trouve au moins triplé. Les rues n'offrent rien de bien remarquable: on y rencontre parfois des forçats accouplés avec une longue chaîne de fer.

Le lac qui sépare la Goulette de Tunis porte le nom d'*el-Bahira*; il a 28 kilomètres de tour et sa profondeur maximum n'atteint pas 2 mètres. On peut aller de la Goulette à Tunis soit par la route, soit à travers le lac ou encore mieux par le chemin de fer. Par ce dernier moyen de transport, le trajet s'accomplit en vingt-cinq minutes.

La ville de *Tunis* est située par 36° 48′ de latitude Nord, et par 7° 52′ de longitude Est. D'après Strabon, son origine serait antérieure à celle de Carthage. Elle est bâtie sur l'isthme montueux qui sépare le lac d'*El-Bahira* de la *Sebkhah-el-Sedjoumi*, lac salé qui se trouve à sec en été. De loin, elle présente l'aspect d'une masse blanche de forme allongée, au-dessus de laquelle s'élèvent des coupoles arrondies et çà et là quelques minarets. Sauf les artères principales, ses rues sont de largeur inégale, remplies de détours et parfois entièrement voûtées; quelques-unes sont si étroites que deux mulets ne peuvent y passer de front. Dans les quartiers réservés aux indigènes, les rues sont bordées d'échoppes séparées les unes des autres par de petites colonnes ornées parfois de bandes alternativement rouges et vertes. A certaines heures de la journée, les voies de communication principales sont encombrées par des chameaux, des chevaux, des mulets et des ânes chargés de fardeaux tellement volumineux que c'est à peine si l'on aperçoit leurs sabots et le bout de leurs longues oreilles. Le matin et le soir, ces mêmes rues sont parcourues par des troupeaux interminables de chèvres noires. Les maisons arabes ne reçoivent de lumière que par des lucarnes grillées; la porte d'entrée est ornée d'une main en argent ou de quelque autre signe ayant, selon la croyance populaire, la propriété de conjurer le mauvais œil.

Le climat de Tunis est réputé sain. La ville a 325 hectares de superficie, mais il faut tenir compte de nombreux terrains vagues, de maisons en ruines, des mosquées et des bazars. La ville musulmane s'étend en avant de la Casbah. Elle était autrefois entourée d'une muraille. De part et d'autre se trouvent deux faubourgs avec un mur qui constitue aujourd'hui la seule enceinte de Tunis. Le faubourg qui s'étend au Nord porte le nom de *Rebat-bab-es-Souika;* sa superficie est de 98 hectares et demi. Le faubourg du Sud-Est s'appelle *Rebat-bat-el-Dzira;* il présente un développement de 74 hectares et demi. Enfin, entre la ville musulmane et le lac s'élève le quartier de la Marine. Le quartier juif ou *Hara* est la partie de la ville comprise entre les anciennes portes de *Bab-Souika* et de *Bab-Cartagena*, se rapprochant du *Zankat-Touila*. On s'accorde à attribuer à Tunis une population de 100,000 habitants, dont 70,000 musulmans, 20,000 israélites et 10,000 chrétiens, parmi lesquels un millier de Français.

Au sommet de la ville s'élève la Casbah, château-fort qui renferme une mosquée et la tête de l'aqueduc construit ou plutôt réparé par les Espagnols. Tout à côté se trouve la manutention de l'armée, et en face, une place ornée d'un square. De la Casbah part l'enceinte de Tunis qui se compose d'un mur en bon état, flanqué à distances inégales de tours armées de canons. Outre cette muraille, la capitale de la Régence est défendue par quelques ouvrages avancés.

Quand on sort de Tunis par *Bab-Alleoua*, porte qui se trouve au Sud-Est, on a en face de soi, sur une hauteur la Koubba de Sidi-bel-Hassem-el-Chadeli. Cette construction est réunie par un mur crénelé à la Koubba de Lella-Manouba, qui se trouve sur un coteau dominant Tunis et la Sebkhah El-Sedjoumi. Entre ces deux points s'élève le fortin de Ahmed-Raïss. A l'Ouest, on voit deux bordjs. Près de là, se trouvent les silos qui renferment l'*achour* ou dîme que l'on verse pour le bey. Un peu plus loin, en face de Bab-Sadoun s'élève un fort de forme triangulaire, flanqué à ses angles de trois batteries. Du côté de l'Est, la ville est défendue par le lac et la Goulette.

L'enceinte à présent détruite qui entourait la cité

musulmane était percée de huit portes, dont voici les noms : *Bab-Cartagena, Bab-Souika, Bab-el-Benet, Bab-Sidi-Ali-Zouari, Bab-el-Menara, Bab-Djedid, Bab-Dzira,* enfin *Bab-el-Bahr* ou de la Marine. Voici les noms des dix portes qui ferment l'enceinte actuelle : *Bab-Khadra, Bab-abd-es-Salem, Bab-Sadoun, Bab-Hamtel-Alouch, Bab-Sidi-Abdallah, Bab-Sidi-Gacem, Bab-Jlassi, Bab-el-Gourguessi, Bab-el-Fellah, Bab-el-Alleoua.* Les portes de la ville s'ouvrent le matin à trois heures moins un quart ; on les ferme à neuf heures du soir. On sort généralement par Bab-Khadra pour aller au Bardo et à la Goulette, par Bab-Sidi-Abdallah pour gagner le Kef et les ruines d'Haidrah, par Bab-el-Fellah pour se rendre à Zaghouan et au Kairouan, par Bab-Alleoua, si l'on va à Hammam-Lif, Sousse et Tripoli.

Au sortir de l'embarcadère du chemin de fer de la Goulette, on débouche sur une espèce de carrefour. En suivant la courte avenue que l'on a juste en face, on arrive à l'artère principale de Tunis qui porte le nom de boulevard de la Marine ; ce boulevard est long d'environ 900 mètres et large de 60. De là, en tournant à gauche, on passe devant l'hôtel du ministre plénipotentiaire de France et on est dans la direction de la douane et du lac. Pour aller au chemin de fer français, il faut traverser le boulevard et marcher tout droit : au bout de quelques minutes on aperçoit l'embarcadère reconnaissable aux tuiles rouges qui le recouvrent. Pour aller à la ville même, il suffit de tourner à droite.

Cette voie, la plus belle de Tunis, n'est pas complètement achevée; par endroits, elle est bordée de petits arbres. La partie qui avoisine le lac est à peu près déserte; on y rencontre un certain nombre de cafés assez semblables à ceux de la banlieue de Paris. Mais aux environs de la porte de la Marine, on trouve des constructions assez importantes. Ainsi, en venant du chemin de fer de la Goulette, on remarque successivement sur ce boulevard : 1° à gauche, la maison Ben-Aïët, dont le bas est occupé par un café; un grand fondouk; la régie des tabacs; le dar-Jel, où on reçoit la taxe sur le miel et les peaux; la maison Ali-Bey, enfin, la maison du général Bakouch; 2° à droite, le grand hôtel, le télégraphe, l'agence de la Compagnie transatlantique, la Société des Comptoirs maritimes et de Crédit industriel et commercial.

Devant la porte de la ville se trouve un petit square orné de plantes indigènes. Tout autour stationnent des voitures de place. A droite et à gauche de cette porte et toujours extérieurement s'étendent deux longues rues : celle de droite est connue sous le nom de rue des Maltais, celle de gauche, dans sa portion la plus rapprochée, s'appelle le Fondouk-el-Rellah ou Marché aux Légumes; plus loin, elle prend différents noms.

La porte une fois franchie, on débouche sur une petite place appelée communément *Bab-el-Bahr* ou place de la Marine. On y remarque deux consulats, le poste des Zaptiés ou agents de police et le café

3.

français. Quatre rues partent de cette place dans des directions différentes : celle que l'on a à sa gauche, en entrant par la porte, se dirige vers le Sud et est nommée d'abord, rue de la *Poste,* puis rue du *Rempart Bou-Mandil.* On y trouve successivement : 1° à gauche, les boutiques de deux confiseurs cafetiers, les bureaux de la commission financière, le bureau de la poste française, l'hôtel de Paris, enfin, un cabinet de lecture.

Si l'on regarde à droite, on aperçoit le café français. La petite ruelle qui longe cet établissement renferme le bureau de la poste italienne et le bureau du gaz. En face de soi, s'étend le *Zankat-el-Touila,* rue qui conduit directement au Darel-Bey et à la Casbah ; à l'angle formé par cette rue et la ruelle précédente, se trouve le consulat anglais. Enfin, entre le Zankat-Touila et la rue de la Poste, s'ouvre une quatrième rue connue sous le nom de *Zankat-Mordjani :* elle conduit à la grande Mosquée et aux *Souks* ou bazars. A l'entrée de cette rue, se trouvent les consulats de Suède et Norwège et d'Allemagne, puis un peu plus loin, l'église catholique et le couvent dans lequel habitent les capucins et leur évêque. Après avoir suivi le Zankat-Mordjani pendant quelques minutes, on tourne à droite et on passe sous une voûte qui débouche dans le bazar. Si on suit le souk en montant, on atteint bientôt le Dar-el-Bey et la Casbah.

Quand on arrive à Tunis par le chemin de fer de Bône, au sortir de la station on se trouve au milieu de constructions qu'une spéculation effrénée a fait élever

tout récemment. La route qui se trouve à droite,
conduit au boulevard dont nous avons parlé plus
haut. Tournant alors à gauche, on pénètre bientôt
dans la ville. En traversant ce boulevard et en continuant de marcher tout droit, on atteint la gare du
chemin de fer de la Goulette.

III

LA VILLE DE TUNIS (SUITE). — ANTIQUITÉS, PLACES,
BAZARS, MOSQUÉES, ÉDIFICES PUBLICS, ÉCOLES,
CASERNES, HOPITAUX, PROJET DE PORT.

Il y a un certain nombre d'années, en creusant les
fondations du palais de la Mohammedia, on mit à
jour une dalle sur laquelle était gravé le nom d'un
évêque : *Romanus*, ceux de deux autres évêques :
Rusticus et *Exitiosus*, puis celui d'un sous-diacre :
Constantinus. Cette pierre est conservée dans le couvent des capucins, rue Mordjani.

Les places principales de Tunis sont celles de la
Bourse, de la Casbah et d'Alphaouïn. La première
est le rendez-vous des négociants de Tunis; elle est
également le lieu de prédilection des oisifs et des
décrotteurs qui poursuivent les passants et surtout
les étrangers de leurs offres de service intéressées.
La place de la Casbah a été embellie récemment et
est réellement très coquette; à gauche se trouve
l'entrée du dar-el-bey et en face celle de la Casbah.

Le square qui se trouve au centre de la place est orné d'un jet d'eau, de quelques palmiers et d'autres arbustes, il n'est pas entouré d'une grille mais d'une simple bordure en pierre. Une fois arrivé devant la porte d'entrée de la Casbah on peut tourner à droite et monter sur un talus d'où l'on voit une partie de la ville. Si au contraire on tourne à gauche et que l'on continue de suivre le mur de la forteresse, on aperçoit une fontaine moderne alimentée par l'eau du Zaghouan, et on franchit la porte Sidi-Abdallah qui est gardée par un capitaine et un préposé de l'octroi. En dehors, on remarque un système de balance très primitif servant à peser les denrées que les Arabes apportent de l'intérieur de la Régence. Une petite porte fait communiquer la Casbah avec la campagne.

De chaque côté de la route s'élève une Koubba blanchie à la chaux; celle de gauche porte le nom de Sidi-Abdallah, celle de droite est la Koubba de Sidi-Feredji. Plus loin, dans un ravin, s'étend le petit village de Melassi. En face sont bâtis les fortins de bordj-Flisses et de bordj-Rebda. Sur un monticule situé à droite s'étend un vaste cimetière arabe.

La place d'Alphaouïn se trouve dans le faubourg Bab-el-Souika : elle est plantée d'arbres. Sur un de ses côtés s'élève la mosquée Sahab-el-Taba.

Le *Souk*, ou bazar, est formé par une série de rues abritées tant bien que mal au moyen d'une toiture en planches. A côté du dar-el-bey s'étend le Souk-el-bey, c'est l'ancien marché aux esclaves. On peut citer encore le Souk-el-Attarin, sur lequel donne une des entrées de la mosquée Zitoun, le Souk des selliers, celui des armuriers, des tailleurs, des tisserands, des fabricants de babouches, des marchands de chechias, etc. Le vendredi toutes ces boutiques sont fermées.

Nous ferons remarquer en passant que dans les bazars de Tunis les objets sont généralement de fabrication indigène et ne proviennent pas de Birmingham ou de Paris comme il arrive dans la plupart des bazars du globe, où le marchand musulman, hindou ou chinois vous jure par Allah, Brahma ou Vichnou que ses marchandises ont été fabriquées dans le pays même.

Les marchands de Tunis sont extrêmement prévenants et affables. Que vous veniez chez eux en acheteur ou en curieux, peu importe, ils vous offrent un siège, une cigarette et du café. Les prix sont généralement raisonnables mais il faut savoir marchander et tenir compte de cette manie de surfaire les prix qui caractérise les juifs et les habitants des contrées lointaines. Du reste, ignorant les jouissances luxueuses des grandes villes, le marchand tunisien n'est pas possédé de ce désir de faire une rapide fortune qui rend souvent les Européens peu scrupuleux dans les transactions. Les juifs vendent, dit-on, meilleur marché le vendredi soir et le dimanche matin. Le touriste fera bien, lorsqu'il voudra faire des achats, de ne pas se faire accompagner d'un guide : il paierait tout 20 0/0 plus cher.

Près de la mosquée Sahab-el-Taba se trouve un Souk voûté en maçonnerie.

Le marché se trouve établi provisoirement non loin de la porte de la Marine. Les légumes sont abondants et les fruits peu coûteux. Le bœuf se paye 12 kharoubes ou 0 fr. 45 c. la livre, le mouton 8 kharoubes ou 0 fr. 30 c. Sur un terrain vague qui s'étend à côté de la rue des Maltais on peut voir un petit marché où se réunissent les indigènes.

Nous promenant un jour en cet endroit, nous y vîmes un spécimen effrayant de la misère humaine : c'était un être de race nègre dont l'état pitoyable ne permettait pas de préjuger le sexe. Son costume en haillons, son nez rongé par une plaie livide, ses pieds couverts d'ulcères, offraient aux regards un spectacle hideux, épouvantable. Ce malheureux fixait d'un œil avide une rangée de pots de terre tout neufs dont la partie vernissée reluisait au soleil. Il devait les trouver bien beaux, mais il n'avait certainement pas d'argent pour en acheter, car le marchand, un Maltais âpre au gain, le repoussait avec menaces.

Nous nous approchons de cet indigène et lui mettons dans la main une pièce d'argent en l'invitant par gestes à satisfaire son désir. Il ne se le fait pas dire deux fois, et le mercanti, subitement radouci à la vue de l'argent, lui laisse prendre enfin l'objet de sa convoitise. L'homme noir place précieusement le pot sous son bras, glisse la monnaie sous ses haillons et nous remercie par une pantomime expressive, se dandinant d'une façon grotesque et portant la main droite à sa bouche et à son front.

Tunis possède un certain nombre de mosquées

dont quelques-unes renferment de belles colonnes antiques provenant de Carthage. Parmi ces monuments on peut citer :

1° Dans la ville musulmane la *djama-Zitouna*, la plus ancienne de Tunis, et la mosquée de *Sidi-Yousef*, situées toutes deux dans le Souk-el-bey; la mosquée de *Hamouda-bacha* ou de *Sidi-bel-Arous*, qui s'élève près de la dribah; la *djama-el-Kasbah* bâtie par le bey el-Hafsi; la *djama-el-Ksar* non loin de la municipalité; la *djama-el-djedid*, près du Souk-el-blat; la mosquée *bab-Dzira*, près du moulin à vapeur de ben-Ayed;

2° Dans le faubourg bab-Souika, la mosquée *Sahab-el-Taba* et la mosquée *bey-M'hammed*;

3° Dans le faubourg bab-Dzira, les mosquées *el-Halq* et *bab-Djezira*, en dehors des portes du même nom.

L'entrée des mosquées est strictement interdite aux chrétiens' et aux juifs. Le vendredi a lieu une prière à laquelle tout bon croyant doit assister. En entrant dans la mosquée, le musulman retire ses sandales et les place l'une contre l'autre semelle contre semelle. Le Maure de condition aisée et aux chaussettes d'une blancheur irréprochable s'installe sur le tapis, tandis que le pauvre portefaix doit laver à la fontaine ses pieds salis par la poussière ou la boue, avant d'être admis à prendre place sur la natte.

Arrivé à l'endroit qu'il a choisi, le croyant place les deux mains ouvertes à hauteur des tempes et récite une prière à voix basse. Ces préliminaires accomplis, il se courbe en avant, pose les deux mains sur ses genoux et récite une deuxième prière, à la fin de laquelle il s'agenouille et frappe le sol de son front. Ces exercices recommencent une ou plu-sieurs fois, selon le degré de ferveur du fidèle, qui les termine en restant immobile dans une attitude accroupie. Parfois, un croyant plus inspiré que les autres se lève subitement et se livre à la pantomime la plus déréglée. A heure fixe, la voix de l'iman s'élève entonnant une prière sur un rhythme lent et mono-tone. Tous les fidèles se lèvent alors et se placent côte à côte sur des lignes parallèles. L'iman continue de réciter les versets du Coran et à certains moments l'assistance entière se courbe, s'agenouille et frappe la terre du front avec un ensemble remarquable. Ce chant à la fois lent et perçant au milieu d'un silence parfait, ces formes humaines drapées de blanc, im-mobiles, le front contre terre, dans l'attitude la plus humble, produisent le plus étrange effet. Combien ce spectacle devait avoir de majesté dans une mos-quée comme celle de Cordoue, ornée de plus de six cents colonnes, à l'époque où les musulmans occu-paient l'Espagne!

A Tunis, chaque communion chrétienne possède un édifice à l'usage du culte. Une église catholique est située rue Mordjani ; une église anglaise s'élève non loin de l'hôtel de Paris. On trouve en outre sept synagogues et une église grecque.

Le *dar-el-bey* qui s'élève non loin de la Casbah est le palais que le bey habite à l'époque du Rham'dan. A l'intérieur, on remarque trois chambres tendues de sole grenat et ornées de glaces, de lustres et de consoles dorées; puis un patio et quelques salles décorées à la mauresque. Au rez-de-chaussée se trouve une cour où fonctionne tous les jours un tribunal présidé par un colonel.

Près de ce palais s'élèvent la Municipalité et la *dribah* ou prison municipale. Quand un Européen a des motifs pour se plaindre d'un Arabe, il doit aller chez le consul de sa nation qui lui donne un *chaouch* chargé de l'accompagner chez le *Farik* qui réside à la *dribah :* là, ce magistrat que l'on peut assimiler à un préfet de police, fait administrer la bastonnade au coupable.

Non loin du *dar-el-bey* on trouve également une imprimerie qui sert à reproduire les manuscrits déposés à la *djama-Zitoun.* L'accès de cette bibliothèque est fort difficile aux chrétiens.

Il existe en Tunisie de nombreuses écoles primaires. La capitale en possède une soixantaine, plus vingt-sept collèges. En 1875, S. A. Essadek-bey a inauguré le collège *Sadiki* où on enseigne la lecture du Coran, le droit, les mathématiques, le français, le turc, l'italien, etc. Parmi les établissements d'instruction européens, on compte deux collèges italiens, deux collèges israélites, une école d'arts et métiers, une école de filles dirigée par des Sœurs de charité, une école de garçons sous la direction des Frères de la doctrine chrétienne, enfin une institution anglaise.

Parmi les casernes de Tunis on peut citer: le

Kachlat-el-Attarin, destinée aux Zaptiés; les casernes
Souk-el-Anzar, Souk-el-Blat, el-Behammequia, e! Ilsinia
qui servent à l'infanterie; enfin le vaste quartier d'artillerie situé en dehors de la porte *bab-Khadra*. La ville
est pourvue d'eau par l'antique aqueduc du Zaghouan,
restauré sous la direction de M. Caillat, ingénieur du
bey. Pour mener ce travail à bonne fin, il a fallu
réparer les anciens aqueducs et remplacer les arcades qui traversaient les vallées par des siphons en
tuyaux de tôle bitumée. Un de ces siphons contourne
la *Sebkhah-Sedjoumi* et fait monter l'eau dans le
réservoir principal qui se trouve près de la Casbah.
Nous devons noter aussi l'aqueduc construit ou plutôt
réparé par les Espagnols: il amène aux deux forts de
l'Ouest et à la Casbah l'eau d'une source nommée
Aïn-Métouia. située au N.-O. du Bardo dans le *djebel-
Ahmar*. En outre on recueille dans les citernes l'eau
provenant des pluies.

Il existe soit dans l'intérieur de la ville, soit aux
alentours, de nombreux cimetières arabes. Les
chrétiens feront bien ne pas s'y risquer, car il suffit
qu'un fanatique s'écrie : « Un chien n'entre pas ici ! »
pour qu'il se forme un attroupement hostile. Il est
à remarquer que les funérailles musulmanes sont
loin d'être accompagnées des pompes lugubres que
déploie le clergé catholique. Le corps, recouvert d'une
pièce d'étoffe de couleur claire, est placé sur une
civière que chacun se dispute l'honneur de porter
sur ses épaules. La foule des parents et des amis,
revêtus de leurs plus beaux costumes, chemine d'un

pas allègre en récitant en chœur des versets du Coran.

Les cimetières européens sont disséminés un peu partout. Le cimetière catholique est placé en face du consulat de France; sa situation semble fort mal choisie et il est en outre d'une étendue très insuffisante. Les protestants ont leurs tombes à *bab-Cartagena*. Les israélites tunisiens et les israélites livournais possèdent également deux cimetières distincts.

L'hôpital chrétien est situé près de la rue Mordjani. L'hôpital arabe ou *el-Moroustan* se trouve dans le quartier des sbabtias ou cordonniers. Le bey actuel a créé un nouvel hôpital construit dans une impasse, derrière le *dar-el-bey;* le long de la cour règnent de vastes cellules qui renferment des aliénés, réduits pour la plupart à cet état par un usage immodéré de l'opium. Les salles du premier étage sont affectées aux blessés ; elles sont d'une grande propreté.

Il n'existe actuellement dans la baie de Tunis aucun port capable d'abriter les navires. En 1623, sous le gouvernement du bey Youssouf, des ingénieurs hollandais avaient commencé une jetée et au mois d'août 1865, M. Hardy, ingénieur, dressa à la demande du gouvernement tunisien un projet pour la construction d'une autre jetée de 1,500 mètres de long pour faire suite à celle qui existait déjà depuis plus de deux siècles. Ce projet est resté dans les cartons du ministère. En février 1880, la Société de Construction des Batignolles proposa la création de deux bassins de cinq hectares chacun qui devaient être

creusés dans le lac et reliés à la ville par une voie
ferrée. A la suite de difficultés soulevées par certains
agents du gouvernement italien, ce projet, d'abord
accepté, fut définitivement repoussé.

Un nouveau plan a été présenté par la compagnie
de Bône-Guelma. Elle propose de construire les
bassins dans la partie du lac comprise à l'Ouest entre
la marine actuelle et la zaouia de Sidi-bel-Hassem,
c'est-à-dire dans une anse qui se trouve sous *bab-
Alleoua*. Un chenal creusé entre la Goulette et ces
bassins permettrait aux plus gros navires de
traverser le lac et de jeter l'ancre sous les murs de
Tunis.

IV

RUINES DE CARTHAGE, LE BARDO. — L'ARIANA ET DJA-
FAR, LA MOHAMMEDIA — HAMMAM-EL-LIF, BOU-CHA-
TER (UTIQUE), ZAGHOUAN.

La cité la plus célèbre de cette partie de l'Afrique
que l'on désigne actuellement sous le nom de Tunisie
fut incontestablement Carthage. Comme pour la plupart des grandes villes de l'antiquité, l'origine de
Carthage est entourée de légendes obscures à travers
lesquelles il est bien difficile de découvrir la vérité.
La version la plus accréditée est qu'une colonie de
Tyriens, conduite par une princesse phénicienne, la
fameuse Didon, aborda dans ces parages vers l'an

878 avant l'ère chrétienne, et acheta des possesseurs du pays toute l'étendue de terrain que pouvait entourer une peau de bœuf coupée en lanières très étroites. Leur cité reçut d'abord le nom de *Kart-Hadact* ou nouvelle ville.

Détruite complètement l'an 146 av. J.-C. par les Romains, elle fut rebâtie vingt-deux ans plus tard par Caius Gracchus. Enfin en 697 ap. J. C. elle fut rasée de fond en comble par les Sarrazins. De cette ville naguère puissante, pleine de vie et d'animation, il ne reste que quelques pans de mur abandonnés qui servent de refuge aux reptiles ou d'abri passager à l'Arabe nomade. C'est la destinée ordinaire des œuvres que l'homme jugeait les plus impérissables.

On peut aller de Tunis à Carthage par la route, soit à cheval, soit en voiture ; la distance est d'environ 15 kilomètres. Mais le plus simple est de prendre le chemin de fer jusqu'à la Goulette, puis de la Goulette à la station de Saint-Louis, où, pour commencer l'excursion, on visitera le collège et la chapelle. Les pères de Saint-Louis tiennent à la disposition du public un petit guide des ruines de Carthage accompagné de la réduction du plan de M. Caillat.

Du côté de la campagne, Carthage était défendue par un triple retranchement percé de cinq portes principales. En arrivant de la Goulette par la voie ferrée, on passe à côté de l'ancienne place d'armes, et après avoir coupé l'emplacement du cirque, on longe les ruines parfaitement reconnaissables de l'amphithéâtre. On ne peut se défendre de singulières méditations, lorsque l'on parcourt à toute vapeur des locomotives ces plaines maintenant désertes où jadis la foule se pressait dans une enceinte colossale, pour jouir du spectacle d'êtres humains déchirés par la dent des bêtes féroces ou abattus par la lourde épée des gladiateurs. L'histoire a conservé les noms des femmes chrétiennes qui scellèrent de leur sang leur foi dans les doctrines nouvelles et leur aversion pour l'immoralité des sacrifices antiques.

En quittant la station de Saint-Louis, on peut visiter d'abord les citernes de *Malka* ; il n'en reste plus que des ruines où les Arabes abritent leurs troupeaux. Ces citernes comptaient vingt-quatre réservoirs ayant au moins 150 mètres de large sur une longueur de 225 mètres ; elles étaient alimentées d'eau par le gigantesque aqueduc construit sous le règne d'Adrien.

La colline de *Byrsa* sur laquelle s'élèvent le collège et la chapelle, formait autrefois l'acropole de la ville antique. La chapelle construite au-dessus du temple d'Esculape, contre le mur d'enceinte, à l'intérieur, renferme une belle statue du roi de France Louis IX. A côté de la porte d'entrée de l'enceinte on peut voir un petit musée très bien disposé, qui entre autres objets curieux, renferme des poids vandales et un *as* romain ; c'est là que les pères de Carthage reçoivent les visiteurs, toujours sûrs de trouver chez eux le plus cordial accueil.

A quelques pas plus loin s'élève le collège, dont

l'architecture à la fois simple et élégante fait contraste avec les débris qui jonchent ce vaste champ de ruines ; il est bâti dans une position très saine, constamment rafraîchie par la brise de mer. Près de là, on a découvert récemment une sépulture punique qui renfermait encore quelques ossements et des fragments d'armes.

Byrsa ou la citadelle communiquait avec le forum par trois rues bordées de maisons élevées. Son enceinte renfermait les temples les plus célèbres ; citons par exemple ceux de Jupiter, d'Esculape, et celui de la Junon des Latins, connue aussi sous le nom d'Astarté, du mot phénicien *Ashtoret*. Ce dernier édifice appelé encore temple de Tanith était renommé par ses mystères : il subsista jusqu'en 421 de l'ère chrétienne.

Le musée de Copenhague, l'un des mieux organisés et des plus complets que nous connaissions, possède deux inscriptions puniques trouvées à *Malka*, voici la traduction de l'une d'elles :

« A la grande déesse Thanith et au
« Seigneur de tout maître Baal-Hammon
« S'est voué Abd-Malkart
« fils de Barmalkart
« fils de Hammon. »

Cette inscription a été relevée par Falbe, officier de marine et consul de Danemark à Tunis, à qui l'on doit des travaux importants sur les ruines de Carthage.

A environ 400 mètres du temple de Junon s'élevait le sanctuaire redouté de Saturne ou *Baal Moloch*, dont la sombre renommée était due aux sacrifices humains que l'on y célébrait. Au milieu de l'édifice était placée une gigantesque statue d'airain dont la bouche communiquait avec une fournaise. Les offrandes consistaient en enfants vivants destinés à être consumés par les flammes. Pendant le sacrifice, les prêtres tournaient autour du temple, et excités par les sons d'une musique étrange, se livraient publiquement à des pratiques dignes des disciples d'Onan.

N'oublions pas, enfin, le temple de Mémoire, les temples de Cérès, de Proserpine et de Neptune.

Au bord de la mer on voit un système de citernes admirablement conservées; il comprend dix-sept réservoirs pouvant contenir 25,000 mètres cubes d'eau. La longueur totale de l'ensemble était de 128 mètres, et sa largeur de 37^m,40. A l'Est de ces citernes se trouvait la *platea-nova* ou place Neuve. A 300 mètres au N. E. de cette place sont les ruines d'une construction appelée les bains de Didon. En redescendant vers le Sud on rencontre les vestiges de la basilique de Thrasamond, le fortin de *bordj-Djedid*, enfin les ruines du gymnase et du théâtre. Si l'on continue à longer le rivage dans la direction de la Goulette, on aperçoit à la surface du sol les ruines de six grandes citernes qui faisaient probablement partie d'un établissement thermal, puis l'emplacement du temple d'Apollon et celui du Forum. De là, on atteint l'ancien port qui comprenait deux bassins, l'un destiné aux bâtiments marchands, l'autre aux navires de guerre. Le port en miniature qui existe actuellement est dû à un travail exécuté par ordre d'un des fils du Khaznadar.

Arrivé aux citernes du bord de la mer, dont nous avons parlé précédemment, on peut au contraire tourner à gauche et continuer à suivre le littoral jusqu'au cap *Sidi-bou-Saïd*, visiter le village et de là reprendre le chemin de fer à la Marsa, éloignée d'environ trois kilomètres. Mais alors il sera sage d'emporter des provisions, car le village de *Sidi-bou-Saïd* n'offre aucunes ressources. Nous l'avons visité au mois de juillet, et après avoir gravi en plein midi la côte escarpée qui mène du bord de la mer au village, nous n'avons pu nous procurer qu'un affreux brouet à l'huile rance et une galette arabe contemporaine de Carthage. A côté de *bou-Saïd* s'élève un phare moderne d'où l'on jouit d'un point de vue remarquable.

Le territoire sur lequel on a bâti les maisons de campagne de la *Marsa* fut partagé autrefois en lots de cent arpents que César distribua à ses soldats.

Sur le bord de la route on trouve le café maure du *Saf-Saf*, renommé pour la fraîcheur qui y règne en été.

La nécropole de Carthage se trouvait à la pointe du *Djebel-Khaoui* ou la montagne creuse : on y a découvert un grand nombre de sépultures. Des Arabes monomanes passent leur existence à rôder autour du *Djebel-Khaoui* ; quelques-uns prétendent y avoir fait des trouvailles importantes. Au pied de cette montagne est situé le village pittoresque de *Kamart*.

On peut faire aux environs de Tunis diverses ex-
cursions, que nous allons énumérer successivement :

1º Le Bardo, à 4 kilomètres. Ce palais peut être visité
pendant l'absence du bey qui, huit mois de l'année,
réside à La Goulette. De même que pour le *Dar-el-
bey*, c'est à son consul que le voyageur doit s'adresser
pour obtenir la permission d'y pénétrer. On sort de
Tunis par la porte *bab-el-Khadra* et on passe sous les
arches de l'aqueduc moderne.

Le *Bardo* se compose d'un certain nombre de constructions irrégulières entourées d'un fossé large
mais peu profond. Sur une plate-forme située en
arrière de ce fossé brillent quelques petits canons
de cuivre. On entre par une espèce de poterne gardée par des soldats, puis on s'engage dans un passage pavé, long, tortueux et bordé d'une rangée de
petites boutiques semblables à celles de la ville. Dans
ce passage se trouvent également les portes d'entrée
de deux palais particuliers. Une fois au bout, on
tourne à gauche et on passe sous un long porche
qui conduit à une cour d'assez grande dimension au
centre de laquelle on voit une fontaine.

Après avoir franchi une arcade, on se trouve dans
la Cour des Lions et on monte un escalier de quelques
marches, orné de chaque côté de trois lions en marbre, sculptés dans différentes attitudes. Après avoir
traversé de belles arcades arabes, on entre dans un
grand patio dallé de marbre et entouré de galeries
soutenues par des colonnes. A droite de ce patio

s'ouvre la salle de justice ; elle est bordée de deux rangées de portiques et ses murs sont couverts de mosaïques en marbre. Au fond se dresse un trône monumental en bois doré ; au-dessus du siège et encadrée dans le dossier, brille une croix de diamants envoyée au bey par le sultan de Constantinople.

Le patio traversé dans toute sa longueur, on arrive à une porte gardée par des soldats couchés nonchalamment et montrant une indifférence marquée à l'égard de leurs chefs, comme il arrive toujours lorsque la discipline fait défaut. On monte ensuite un second escalier conduisant au premier étage. Après avoir traversé une antichambre ornée de tableaux de bataille, on pénètre dans une longue galerie éclairée d'un côté par une suite de hautes fenêtres ornées de rideaux en soie blanche; au plafond sont suspendus deux magnifiques lustres chargés de bougies de couleurs. Entre les fenêtres et sur tout le pourtour de la galerie se trouvent des consoles en bois doré qui supportent des pendules. Le long des murs sont fixés des portraits en pied représentant les principaux souverains de l'Europe et quelques princes tunisiens. Enfin, sur le côté opposé à la porte d'entrée s'élève un trône surmonté également d'une croix en diamants.

A la suite de cette galerie, on pénètre dans un petit salon dont les murs sont également recouverts de tableaux. Le premier qui frappe la vue en entrant est une image dorée de Victor-Emmanuel qui se détache sur un fond de velours noir. On remarque encore les portraits en pied de divers princes allemands et un tableau représentant l'entrevue du bey et de Napoléon III.

Le palais du Bardo contient également différents ministères ainsi que l'hôtel des monnaies. A quelque distance de là s'élève le CASAR-SAÏD, maison particulière du bey.

2º L'ARIANA à 4 kilomètres de Tunis et DJAFAR à 6 kilomètres. On sort de la ville par la porte bab-Khadra. Le village de l'Ariane est environné de villas : on y fabrique de l'essence de roses renommée. Djafar s'élève également dans une jolie situation.

3º LA MAHOMMEDIA à 12 kilomètres de Tunis. On sort de la ville par la porte bab-Alleoua. Le village de la Mohammedia a perdu son importance depuis la mort du bey Ahmed, qui avait placé là le siège du gouvernement et en avait fait sa résidence. Le palais est complètement désert, car on a enlevé jusqu'aux dalles de marbre et aux papiers qui tapissaient les murs.

4º HAMMAN-EL-LIF à 16 kilomètres de Tunis. On sort de la ville par la porte bab-Alleoua, puis après avoir dépassé la zaouia de Sidi-Fetalla, où les femmes atteintes de stérilité viennent de fort loin chercher un remède, on atteint *Radès*, probablement Adis, où Régulus mit en fuite l'armée carthaginoise. Le village de *Hammam-el-Lif* (Maxula-Colonia), contient des sources dont la température exacte est de 45° centigrade ; on les emploie avec avantage dans le traitement des maladies cutanées.

5º Bou-Chater (Utique) à 40 kilomètres de Tunis. Après être sorti de la ville par la porte bab-Sadoun, on laisse à droite le vaste quartier d'artillerie et on atteint la fontaine ou Sebbala. De là, on franchit la Medjerdah sur un pont dont les piles sont percées d'ouvertures afin de présenter moins de résistance à la pression de l'eau, puis l'oued-Srir, et l'on atteint le village de Bou-Chater.

La colonie tyrienne d'*Atyquah* ou l'ancienne ville fut fondée près de 1,200 ans avant notre ère ; il n'en subsiste plus que des vestiges. Cette cité se divisait en ville haute, bâtie sur une suite de collines, et en ville basse. En venant du Sud, on rencontre les ruines d'un aqueduc et six grandes citernes servant aujourd'hui à abriter les bestiaux. Un peu au Nord de ces citernes s'élevait un amphithéâtre de forme elliptique; près de là se dressent deux marabouts élevés à la mémoire de scheiks renommés. Après avoir franchi un ravin peu profond, on arrive ensuite à l'acropole d'où l'on aperçoit, à l'Est des hauteurs de Kalat-el-oued, l'emplacement probable des *Castra-Cornelia*. En descendant de l'acropole on traverse une plaine jadis couverte de maisons, où l'on remarque l'emplacement d'un théâtre.

Utique était coupé par un canal qui aboutissait à un grand bassin circulaire avec un îlot central : ce bassin formait sans aucun doute le port militaire de la ville. Caton mourut à Utique l'an 40 avant Jésus-Christ.

6º Zaghouan, à 60 kilomètres de Tunis. En quittant

4.

Tunis, on se rend d'abord à la Mohammedia, dont nous avons parlé plus haut. Au sortir de la Mohammedia, on longe l'aqueduc jusqu'au pont de l'oued-Melian, d'où l'on peut faire une excursion aux ruines d'*Oudena* (Uthina). De cette cité antique il reste encore des débris de citernes, d'un théâtre, d'un amphithéâtre, d'un temple, etc.

La petite ville de Zaghouan est située dans une position fort agréable, sa population atteint 1,200 habitants. De l'époque romaine on ne trouve plus qu'une porte triomphale dont la partie supérieure est détruite. L'industrie des habitants consiste principalement dans la teinture écarlate des chechias. A environ deux kilomètres et demi au S.-E. se trouvent les ruines de l'h^r-*Aïn-el-Kasbah*, monument construit sous le règne d'Adrien, l'an 132 av. J.-C., à l'endroit même où les eaux du Zaghouan sortent de la montagne pour entrer dans l'aqueduc, et peut-être pour célébrer l'heureux achèvement de ce travail gigantesque.

Pendant l'été on peut faire l'excursion du mont Zaghouan en une journée. Sa cime la plus élevée a 1,360 mètres, celle de Sidi-bou-Gabrin en a 1,311. Si le temps est clair, on jouit du sommet d'un panorama magnifique. De Zaghouan on peut encore faire une excursion à l'h^r *Botria* (Oppidum-Botrianense), dont les ruines occupent un espace d'environ trois kilomètres de circonférence.

V

CHEMIN DE FER DE BONE A TUNIS, BÉJA, TEBOURBA. — CHEMIN DE FER DE LA GOULETTE. — LIGNE COTIÈRE DU BATEAU A VAPEUR : SOUSSE, MONASTIR, MEHDIA, SFAX, GABÈS, JERBAH.

A un peu plus de 10 kilomètres de Bône, on arrive à la station de *Duzerville*, commune d'environ 3,500 habitants.

De là jusqu'à Tunis, voici, avec leur distance de Bône, les gares et localités que l'on rencontre successivement :

Randon (18 k. 5), village bâti sur une colline couverte de vignobles. (Au kil. 19 on passe la route de Bône à Souk-Ahras.) — *Mondovi* (24 k.), beau village sur la rive gauche de la Seybouse. — *Barral* (30 k.). — *Saint-Joseph* (41 k.). — *Oued Frarah* (47 k.). La voie romaine y franchissait la rivière sur un pont dont on voit encore une pile. — *Duvivier* (54 k. 7.), village de 1,150 habitants. Un marché s'y tient tous les dimanches. Puis — *Medjez-Sfa* (65 k.), — *Ain-Tahamimime* (73 k.), — *Ain-Affia* (77 k.), — *Ain-Nechma* (86 k.), — *La Verdure* (92 k.), — *Ain-Seynour* (97 k.), — *Souk-Arhas* (107 k.), — *Les Ouillen* (124 k.), — *Les Ouled-Dhia* (144 k.), — *Sidi-el-Hemessi* (160 k.). — La frontière se trouve au kilomètre 162, à 195 kilomètres de Tunis.

En entrant en Tunisie on rencontre *Ghrardimaou* (167 kil. de Bône — 190 kil. de Tunis), village au-delà duquel on franchit l'Oued-Meliz sur un petit pont voûté.

Oued-Meliz (178 kil. de Bône — 179 de Tunis). De cette station, on peut faire une excursion aux ruines de *Schemtou*, éloignées d'environ 4 kilomètres puis à celles d'une autre ville romaine qui s'élevait au Nord. La petite ville de *Schemtou* (Semittu), était autrefois entourée de murs; on y remarque les restes d'un pont magnifique, un petit amphithéâtre et des pierres tumulaires. Le P. Delattre, des missions d'Alger, y a découvert récemment deux bornes milliaires sur lesquelles était gravé le mot *Semittu*. Une route romaine partant de Schemtou aboutissait à *Tabarque*. A environ 12 kilomètres de cette localité, en allant vers le Hammam, on trouve les ruines peu importantes de « *Ad aquas.* »

De la station de l'oued-Meliz on peut encore aller au *Kef*, situé à environ 40 kilomètres et du *Kef* aux ruines d'*Haïdrah*, les plus vastes de la Tunisie (voir plus loin, itinéraire 2, page 83).

La station de *Sidi-Meskin* se trouve à 189 kil. de Bône et 168 de Tunis.

Souk-el-Arba (201 kil. de Bône — 156 de Tunis). A une dizaine de kilomètres se trouve la cité romaine de *El-Hammam* (Bulla-Regia), dont les thermes étaient situés sur l'ancienne route de Utique à Hippone. On y remarque deux portiques, un cirque et un établissement de bains. A partir de *Souk-el-Arba*, la voie ferrée passe sur la rive gauche de la Medjerdah.

En continuant, nous trouvons : *Ben-Béchir* (212 kil. de Bône — 145 de Tunis), — *Souk-el-Khmis* (223 kil. de Bône — 134 de Tunis), — *Sidi Zehili* (237 kil. de Bône — 120 de Tunis), — *Béja* (250 kil. de Bône — 107 de Tunis).

Béja (Vaga) 4,000 habitants s'élève à 11 kilomètres, au Nord de la station. Cette ville est entourée d'un mur en ruines: au point le plus élevé se dresse la Casbah. La mosquée principale porte le nom de *Sidna-Aissa ;* elle avait été affectée dans l'origine au culte chrétien, comme nous l'apprennent deux inscriptions découvertes par M. Guérin. *Béja* est renommée pour son marché aux grains. En quittant cette station on franchit un tunnel et une série de ponts, et on atteint l'*oued-Zarga* (271 kil. de Bône — 86 de Tunis) puis *Medjez-el-bab* (291 kil. de Bône — 66 de Tunis).

La petite ville de *Medjez-el-bab* (Membressa) a remplacé une cité antique dont il ne reste plus qu'une dizaine de citernes, plusieurs gros pans de murs, les vestiges d'un pont et une porte triomphale. La frise de cette porte était ornée d'une inscription dédiée à Gratien, à Valentinien et à Théodose.

Nous rencontrons, en continuant :

Bordj Toum (305 kil. de Bône — 52 de Tunis), — *Tebourba* (323 kil. de Bône — 34 de Tunis). La petite ville de Tebourba (Thuburbi-Minus) renferme trois mosquées et plusieurs zaouias; les habitants descendent presque tous des Maures chassés d'Espagne. On y remarque une fabrique de chechias et une manufacture de draps.

Djedeida (332 kil. de Bône — 25 de Tunis). Le territoire qui dépend de ce petit village est bien arrosé ; au bord de la rivière on remarque une usine dirigée par un Français.

La Manouba (347 kil. de Bône — 10 de Tunis). Autour de ce village s'étendent des jardins et des maisons de campagne, on peut y voir les ruines du quartier de cavalerie. De là, après avoir rencontré un tronçon de l'aqueduc de Carthage, on franchit un tunnel de plus de 300 mètres, et en longeant l'enceinte de la capitale on entre bientôt dans la gare de Tunis.

Actuellement le chemin de fer marche sans interruption de Bône à Duvivier. De Duvivier à Souk-Arhas une diligence, en correspondance avec tous les trains, accomplit le trajet en cinq heures. De Souk-Arhas à la frontière tunisienne, il y a 55 kilomètres qu'il faut parcourir soit à cheval soit en voiture, après avoir expédié ses gros bagages par le paquebot. A Ghrardimaou on reprend la voie ferrée qui fonctionne sans interruption jusqu'à Tunis. Le chemin de fer doit être bientôt prolongé jusqu'aux villes de Bizerte, de Sousse et probablement de Tripoli. Dans un avenir relativement rapproché, Tunis se trouvera en communication directe avec les chefs-lieux des trois provinces algériennes.

CHEMIN DE FER DE LA GOULETTE

Ce chemin de fer qui présente un développement total de 34 kil. 107ᵐ appartient à une compagnie

italienne qui en a pris possession le 14 juillet 1880 ;
il se divise en plusieurs tronçons:

1o *De Tunis à la Goulette*, 16 kil. 38030ᵐ. La voie
ferrée longe les bords du lac où se dresse la petite île
de *Chikly*; le trajet s'accomplit en vingt-cinq minutes. Un peu avant d'arriver à l'embranchement de
la *Marsa*, on rencontre la halte d'*El-Ouîna*.

2o *De la Goulette à la Marsa*. 7 kil. 61280ᵐ. C'est sur
ce tronçon que se trouvent les deux stations de *Kram*
et de *Saint-Louis*. Le train ne s'arrête aux stations
intermédiaires que s'il y a des voyageurs à prendre
ou à laisser; on devra donc, avant le départ, indiquer
au conducteur la station où l'on veut descendre.

3o *De Tunis à la Marsa*, 16 kil. 98050ᵐ. On peut aller
directement de Tunis à la Marsa et revenir par la
Goulette, en s'arrêtant si l'on veut à une des stations
précédentes.

4o *De Tunis au Bardo*. 4 kil. 93680ᵐ. Le service n'est
fait que pendant le séjour du bey au palais du Bardo.

LIGNE DU BATEAU A VAPEUR

De Tunis à Sousse, 130 milles, trajet en 14 heures.

En quittant la rade de la Goulette on fait 33 milles
au Nord 60o Ouest, laissant à babord le feu du cap
Carthage. A droite, sur le littoral, se trouve *Hammam-
Korbès*. De là, on parcourt 9 milles pour doubler le
cap Bon, à 3/4 de mille de l'extrémité Nord duquel
une tour élevée de 125 mètres au-dessus du niveau de
la mer est surmontée d'un feu tournant rouge qui fait
son évolution en 90 secondes. La durée de l'éclipse

est de 85 secondes, celle de l'éclat de 5 secondes. On franchit ensuite 18 milles au Sud 30° Est, puis 66 milles au Sud 25° Ouest, passant successivement à hauteur des villes de *Kélibia, Menzel-Témine, Kourba, Nabel, Hammamet,* et *Hergiah,* dont la mosquée a 33 mètres de hauteur.

Le vapeur jette l'ancre dans la rade de Sousse à environ 1/3 de mille de la ville. Pendant la mauvaise saison, quand le vent souffle du N. E., toute communication avec la terre est impossible; il en est de même à *Monastir,* à *Mehdia* et à *Gabès.* Les plus mauvais mois pour débarquer sont ceux de décembre, janvier et mars ; toutefois il n'est pas rare à cette époque de trouver des périodes d'un temps splendide.

La ville de *Sousse* (Hadrumetum) possède environ 9,000 habitants; elle s'étend du N. O. au S. E. sur le bord de la mer et est entourée d'une muraille aux créneaux arrondis et flanquée çà et là de petites tours de forme carrée. Vue de la rade, Sousse offre l'aspect d'une masse blanche dominée par le minaret de la grande mosquée et par la tour nommée *el-Nadour.* Trois portes donnent accès dans la ville, ce sont : *bab-el-bahr* ou la porte de la marine, *bab-el-gharbi* ou la porte de l'occident, enfin *bab-el-djedid* ou la porte neuve. A l'angle Sud-Ouest de Sousse s'élève la casbah, construction assez vaste qui renferme une caserne et l'habitation du général. Les arceaux de la porte d'entrée sont couverts d'arabesques de différentes couleurs, parmi lesquelles le bleu, le vert et le rouge dominent. Cette forteresse est armée de quelques canons et commandée par la tour d'El-Nadour ou de la vedette qui renferme la poudrière. Enfin, en dehors de bab-el Bahr se dresse le *Kasr-el-Ribat*, château flanqué de trois tours sur chaque face.

La campagne commence immédiatement après l'enceinte de la ville.

Au N.-O. on rencontre des dunes de sable parsemées de broussailles, à l'Ouest quelques tombes, au S.-E. de vastes plantations d'oliviers. Sousse peut avoir trois kilomètres de tour. Elle se divise en deux parties : la partie haute et la partie basse. Les murs de la ville basse, non pavées, sont assez propres et bordées çà et là de maisons européennes peu élevées. Les rues de la ville haute sont bordées de petites échoppes où les musulmans exercent leurs diverses industries. Cette description de Sousse peut s'appliquer aux autres villes musulmanes du littoral ; le type en est généralement uniforme.

Après avoir débarqué, on laisse à droite des magasins d'alfa et on pénètre dans la ville par la porte de la Marine A peu de distance de cette porte, on rencontre successivement l'agence de la Cⁱᵉ Rubattino, une auberge italienne et l'agence de la Cⁱᵉ transatlantique. En montant vers la partie haute de la ville, on passe des rangées d'échoppes garnies de vieilles hardes et on traverse un long passage voûté qui constitue le marché aux légumes, puis le *Souk* ou bazar.

A la porte de la ville, si l'on tourne à gauche en suivant intérieurement le mur d'enceinte, on arrive à l'entrée de la Casbah. A 900 mètres en dehors de la porte *bab-el-Gharbi*, on peut voir les restes de grandes citernes et deux énormes pans de maçonnerie qui faisaient probablement partie d'un château fort. Vers l'Ouest de la ville se trouve la nécropole antique dont les tombes ont été souvent fouillées.

Sousse possède une douzaine de mosquées, une chapelle catholique et une synagogue; son commerce d'exportation consiste en huile d'olives, savon, peaux, laines et céréales; on y fabrique également des tissus de soie. Sa population, comme celle des autres villes du littoral, paraît singulièrement douce quand on vient de quitter les portefaix braillards et voleurs de Tunis. Dans ces villes arabes éloignées des grands centres et peu fréquentées par les voyageurs, l'âpreté du gain n'a pas encore vicié les mœurs, il n'est pas rare de rencontrer des populations simples et honnêtes.

(De *Sousse à Kairouan* et à *el-Djem,* voir plus loin, itinéraire 4).

De *Sousse à Monastir* 15 milles, trajet en 1 h. 1/4.

Après avoir levé l'ancre, on contourne le cap *Monastir* et on stoppe devant le bâtiment de la douane qui se trouve à environ 2 kilomètres au delà de la ville; c'est du reste le mouillage le plus sûr.

La petite ville de *Monastir* (Ruspina) compte de 2,500 à 2,800 habitants: elle relève du caïdat de Sousse. Un mur crénelé l'entoure, et, à l'angle S.-E., s'élève la Casbah dominée elle-même par un minaret. Les rues de Monastir sont moins irrégulières que celles de la plupart des villes de la Tunisie ; on y remarque une douzaine de mosquées. Le commerce est le même que celui de Sousse. Monastir possède une agence de la Cie Transatlantique et une agence de la Cie Rubattino. Non loin du rivage se trouvent trois petites îles dont une, la *Tonnara*, renferme deux marabouts, une quinzaine de citernes et un bassin creusé dans le roc. La troisième contient une cinquantaine de grottes dont l'origine remonte probablement aux Phéniciens.

De *Monastir à Mehdia*, 33 milles, trajet en 4 h. 1/2.

Le vapeur jette l'ancre à environ un tiers de mille de la ville.

La ville de *Mehdia*, dont on peut évaluer la population à 7,800 habitants, est dans une presqu'île rattachée au continent par un isthme long d'environ 700 mètres. Les maisons de Mehdia sont moins blanches que celles de Sousse et de Monastir, et la ville offre un aspect différent. Aux environs s'élèvent des maisons de campagne entourées de quelques palmiers. La darse ancienne a la forme d'un rectangle, son entrée était fermée par une chaîne de fer fixée par ses extrémités à deux colonnes qui existent encore. Actuellement, elle est en partie comblée.

La pointe de la presqu'île renferme un grand nombre de tombeaux creusés dans le roc et quelques citernes distinctement aperçues du mouillage. On ne découvre à Mehdia aucune inscription si ce n'est

une épitaphe latine gravée sur une pierre tombale
qui recouvrait les restes d'un chevalier de Malte
nommé « de Piscatory ». Les débris de cette pierre
ont été transportés dans l'église catholique par les
soins de M. Mattéï, vice-consul de France à Sfax.
Mehdia possède des agences de la Cᵉ Transatlantique et de la Cᵉ Rubattino.

De Mehdia à Sfax, 144 milles, trajet en 15 h. 1/2.

De Mehdia, le paquebot contourne les îles *Ker-
Kennah*, car il n'existe pas assez de fond entre elles
et la côte, et jette l'ancre à deux milles de *Sfax*.

La ville de *Sfax* (Taphrura?) compte environ
25,000 habitants, elle comprend la ville musulmane
proprement dite et le faubourg européen. La partie
haute ou musulmane est entourée d'un mur crénelé
flanqué de tours les unes rondes, les autres carrées ;
au sommet la Casbah, qui est dominée elle-même par
une tour élevée que l'on nomme *El-Nadour* ou la
vedette. Cette partie de la ville renferme cinq à six
mosquées, quelques zaouias et des bazars. Le faubourg européen, circonscrit par une simple muraille,
s'étend le long de la rade ; ses rues sont très sales.
Sfax est alimentée d'eau par quelques citernes et
par le *Nasriah*, ou Obole, série de plusieurs centaines
de bassins renfermés dans une vaste enceinte, enfin
par deux immenses réservoirs nommés *Feskias*.

Le commerce de cette ville consiste en olives,
laines, huiles, tissus indigènes, linge de table et de
bains, éponges communes, alfa, dattes, etc. Le
chiffre de l'exportation moyenne est de 3,000,000 de

astres ; l'importation est moitié moindre. Dans
une zone de 18 kilomètres tout autour de la ville, on
compte cinq cent mille pieds d'oliviers. Les ânes de
Sfax sont très beaux.

Les environs sont parsemés de maisons de campagne et de jardins ; le long de la côte s'étendent des
madragues. Sfax possède des agences de la Cie Transatlantique, et de la Cie Rubattino, un comptoir de
la Société maritime, deux compagnies d'assurances
et une agence de la Cie des Cercle-Transports. Le
caïdat de Sfax a 40,000 habitants.

De Sfax à Gabès, 60 milles, trajet en 6 heures.

Le paquebot met le cap au Sud 38° Ouest, traverse
le golfe de Gabès (Syrtis-Minor) et mouille à environ un tiers de mille de la ville de même nom.

Gabès est situé dans *El-Arad*, province la plus
forte de la Tunisie qui s'étend depuis Mahrès
jusqu'aux confins de la Tripolitaine. Elle est formée
par la réunion de deux bourgs et d'un certain nombre d'oasis ; l'un de ces bourgs porte le nom de
Djara, l'autre de *Menzel*. La population de la province entière peut être évaluée à 60,000 habitants,
dans laquelle *Djara* et *Menzel* réunis entrent pour
3,000 et les autres oasis pour 2,000.

On débarque à l'embouchure de l'*oued Gabès* et on
suit la rive de ce cours d'eau. A droite s'étend
une forêt de palmiers et à gauche une plaine aride où
notre fidèle compagnon de route, le lévrier « Priam »,
exerce ses longues pattes engourdies par une navigation forcée. A environ deux kilomètres, on ren-

contre le premier bourg ou *Djara* ; il est composé de maisons basses bâties sans ordre autour d'un vaste espace central laissé libre. A environ un kilomètre plus loin on atteint *Menzel* où on remarque plusieurs mosquées, un bazar et un marché. Ce bourg est administré par un caïd, il possède un Consulat français et une agence de la Cie Transatlantique. Quoique tous les habitants de cette partie du littoral soient armés qui d'une vieille escopette, qui d'un pistolet en forme de tromblon, la population est très bonne. Beaucoup d'Arabes de Gabès vont travailler à Tunis en qualité de portefaix. Avec la sève des palmiers on fabrique le *lakbi*, liqueur fermentée, probablement de même nature que celle dont Ulysse et ses compagnons firent un usage immodéré.

De Gabès à Jerbah, 38 milles, trajet en 5 heures.

Le manque de fond ne permet pas au paquebot de s'approcher à plus de six milles de terre. Il est à remarquer que cette partie de la côte est sujette à des vents locaux dont le souffle, peut rendre le débarquement difficile. Heureusement ces vents ne sont pas toujours de longue durée.

L'île de *Jerbah* compte de 15 à 20,000 habitants ; elle est séparée de la côte par un canal large d'environ 1,700 mètres ; sa longueur et sa largeur entre les points extrêmes ne dépasse pas 33 kilomètres. De toutes parts, on rencontre des puits destinés à arroser le sol ; c'est la condition nécessaire à sa fertilité. L'eau est élevée au moyen d'un seau de cuir fixé à une corde que tire un chameau ou un bœuf.

Il y a déjà loin de ce système primitif à la noria al-gérienne, machine mise en mouvement par une bête de somme qui tourne mélancoliquement sur une piste tracée de longue date. Les habitations des insulaires sont très disséminées ; on distingue toutefois cinq centres principaux :

1° *Houmt-Souk*, où l'on débarque en arrivant par le courrier. On remarque dans ce quartier un bazar couvert, des caravansérails, deux mosquées principales, une chapelle et un cimetière catholiques. Au milieu de ce cimetière s'élève une colonne qui marque l'endroit où ont été ensevelis les crânes provenant du *Bordj-Rious* ou tour des têtes. Ce trophée sauvage avait été construit en 1560 par les habitants avec de la chaux et les têtes des soldats espagnols qu'ils avaient vaincus ; il avait plus de 130 pieds de circonférence sur 30 pieds de hauteur. Non loin de Houmt-Souk, s'élève le *Bordj-el-Kebir*, fort armé de canons, et, vers l'extrémité occcidentale de l'île, le *Bordj-Djelidje*, que l'on aperçoit du mouillage.

2° *Houmt-Cedrien*. Ce quartier est entouré de beaux jardins ; à peu de distance au S.-E. on découvre les ruines d'une ancienne ville.

3° *Houmt-Cédouikkes*. Après avoir dépassé Rhaba-Taorit qui se trouve à environ trois kilomètres à l'Est de ce quartier, on rencontre les ruines d'une ville romaine dont on peut estimer le pourtour à cinq kilomètres. On trouve ensuite :

4° *Houmt-Gallula*. Quartier formé par la réunion de trois villages.

5° *Houmt-Ajin.*

L'île de *Jerbah* possède cinq mouillages principaux qui sont: *Bordj-el-Mersa* au S.-O. *Bordj-Djelidje* au N.-O. *Mersa-es-Souk* au Nord, *Rhir* à l'Est et *Bordj-el-Kantara* au S.-E. Dans le centre principal on remarque une agence de la Cie Transatlantique et une agence de la Cie Rubattino. Les habitants sont en partie cultivateurs et en partie tisserands ; ils ont beaucoup d'aptitude pour le négoce et se déplacent facilement. L'industrie locale consiste en tissus, couvertures, linge de table et de bain et jarres destinées à mettre les huiles. Au nombre des produits exportés, on peut citer quelques peaux de chèvres et des éponges.

De Jerbah à Tripoli, 138 milles, trajet en 14 h. 1/2.

En quittant l'île de Jerbah, on parcourt 5 milles au N. 45° E., 5 milles à l'Est, 123 milles au Sud 58° E. et on entre dans le port de Tripoli. Cette ville possède actuellement un phare visible à la distance de vingt milles. Il est à remarquer que dans ces parages de la Méditerranée le phénomène de la marée est très sensible, surtout à Jerbah où le niveau de l'eau varie au moins de 1^{m}, 50. Les côtes sont parsemées de bancs de sable qui rendent la navigation dangereuse et on ne peut approcher de terre qu'en sondant incessamment.

De *Tripoli à Malte*, on compte 200 milles que l'on fait en 21 heures environ; et de *Tunis à Malte* 226 milles qui exigent 23 heures.

MALTE

Les Maltais sont nombreux dans toute l'Afrique septentrionale. Aussi, bien que nous ayons restreint le cadre de cet ouvrage à une partie de la côte africaine, nous croyons utile de donner quelques brefs renseignements sur l'île de Malte. La capitale, La Valette, est une petite ville propre et bien tenue qui produit une impression agréable sur le voyageur arrivant d'Afrique. Mais, comme la plupart des cités anglaises, le séjour en est d'une monotonie désespérante.

La rue principale de La Vallette est la *Strada-reale*, qui est parsemée de débits de tabac ou de boisson, de pharmacies et de bazars. Elle offre une grande analogie avec la rue centrale de Gibraltar. A Malte, les habitants se rapprochent du type italien, tandis qu'à Gibraltar ils tiennent de l'Espagnol. Toutefois le caractère est peu différent et celui qui visite successivement ces deux stations anglaises ne tarde pas à s'apercevoir que les marchands ont dans l'une et l'autre la même manière de procéder à l'égard des étrangers, qu'ils exploitent outrageusement.

On ne rencontre dans les rues que des gens sans travail, des prêtres, des soldats et des marins en goguette; parfois une vaste capeline noire désigne de loin l'approche d'un être du sexe féminin.

Parmi les curiosités de la ville, nous citerons le palais qui renferme la salle des chevaliers, visible tous les jours sans bourse délier. Cette salle né contient plus qu'un petit nombre d'armures, car les Anglais, gens prévoyants, ont envoyé en Angleterre tout ce qu'il y avait de plus curieux. On peut visiter encore l'église Saint-Jean, dont le sol est entièrement pavé de dalles tumulaires qui sont ornées d'armoiries en mosaïques et recouvrent les restes des chevaliers de Malte. Dans les chapelles latérales on remarque plusieurs tombeaux d'une grande magnificence. A Civita-Vecchia, on voit quelques catacombes, à Sliema, localité située de l'autre côté du bassin de la quarantaine, il y a un camp.

Les distractions sont rares à Malte, aussi va-t-on, pour passer le temps, voir la parade de la garnison, qui a lieu le matin à dix heures et demie, sur la place du Palais, ou entendre la retraite militaire à cinq heures et à neuf heures du soir sur la même place. Les sons cadencés produits par les fifres et les petits tambours en usage dans l'armée anglaise sont excellents pour la marche au pas, mais, pour les apprécier, il est indispensable d'avoir été élevé dans les brumes du Nord. Il faut même avouer que le soldat qui bat la grosse caisse produit de loin l'effet d'un moulin à vent dont les ailes tourneraient à toute vitesse, ce qui ne manque pas d'étonner un peu les personnes non prévenues de cette particularité.

Les Maltais voyagent beaucoup. On en rencontre, comme nous l'avons dit, sur tout le littoral du Nord de l'Afrique depuis Tanger jusqu'à Alexandrie. Une fois fixés en dehors de leur île, ils se montrent généralement sobres et travailleurs. Comme dernière remarque, notons que les Maltais sont loin de voir les Anglais avec sympathie.

VI

RUINES ET PRINCIPALES VILLES DE LA TUNISIE : 1° DE TUNIS A BIZERTE ET A MATER; 2° DE TUNIS AU KEF ET AUX RUINES D'HAIDRAH; 3° DE TUNIS A HAMMAM-KORBÈS, KELIBIA ET HAMMAMET; 4° DE TUNIS A SOUSSE, KAIROUAN, EL-DJEM, SFAX ET JERBAH; 5° DE TUNIS A GAFSA ET A TOZER; 6° DE GABÈS A TOZER.

Le sol de la Tunisie est jonché d'un nombre considérable de ruines de villes antiques qui attestent l'importance que cette partie de l'Afrique possédait du temps des Romains. M. Guérin, dans son ouvrage intitulé *Voyage archéologique dans la Régence de Tunis* en a donné une description aussi exacte que détaillée, on lira donc avec fruit son livre auquel est annexée une carte de la Tunisie. D'après la route suivie par M. Guérin, nous avons divisé en six itinéraires principaux les explorations déjà faites en Tunisie, les voici avec une description résumée des lieux intéressants à visiter.

ITINÉRAIRE 1

De Tunis à Bizerte et à Mater.

Au sortir de Tunis, on se rend à *Bou-Chater* (Utique), dont nous avons parlé précédemment, de là on atteint *Porto-Farina*. Cette petite ville, dont on peut évaluer la population à 800 habitants, est situéo au fond d'une baie formée par les bouches de la Med-jerdah. A l'époque des corsaires barbaresques, elle possédait un port militaire renommé dont il ne subsiste plus que la darsena ou arsenal. Nous ferons remarquer, une fois pour toutes, que les chiffres de population sont seulement approximatifs, car jusqu'à présent on n'a fait en Tunisie aucun recensement exact.

Après avoir quitté Porto-Farina, on atteint *Bizerte* (Hippo-Zarytus). Cette ville qui compte environ 4,000 habitants est entourée d'une enceinte défendue par plusieurst ours armées de canons; au sommet s'élève la Casbah et en face une autre forteresse plus petite nommée le *bordj-sidi-Hani*. Deux canaux traversent Bizerte et font communiquer le lac du même nom avec la mer. La position de la ville est très favorable et ses environs sont à la fois fertiles et pittoresques. La rade, qui est actuellement très mauvaise, deviendrait avec des travaux peu considérables un des ports les plus sûrs de la côte. Le lac de Bizerte est long d'environ quatorze kilomètres et large de six à sept; on y pêche une grande quantité de mulets et de dorades magnifiques.

Entre Bizerte et Mater, on rencontre la zaouïa de Sidi-Mansour-ed-Douadi non loin de laquelle on voit les débris d'un petit temple et une pierre tumulaire portant l'épitaphe d'un prêtre d'Adonis nommé Muthumbal, mort à l'âge de 92 ans. En voici une copie:

MVTHVMBAL BALI
THONIS LABRECO
HISITANVS
SACERDOS ADONI
VIX ANNIS LXXXXII

Le lac de Mater ou d'Echkeul communique avec le lac de Bizerte par un canal nommé *Oued-Tindja*. L'eau du lac Mater est douce par elle-même.

La petite ville de *Mater* (oppidum Materense), dont on évalue la population à 200 habitants, est entourée d'une muraille percée de trois portes. Tous les vendredis, samedis et dimanches il s'y tient un marché. La seule antiquité que possède Mater est un monogramme du Christ sculpté sous la voûte qui sert d'entrée à un fondouk. Ce monogramme est entouré d'une couronne sculptée.

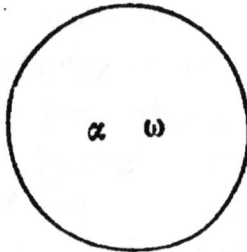

ITINÉRAIRE 2.

De Tunis au Kef et aux ruines d'Haïdrah.

Au sortir de Tunis on passe successivement *la Manouba*, *Djedeïda*, *Tebourba* et *Medjez-el-bab* que nous avons décrits précédemment et on atteint *Tes-*

tour. La petite ville de Testour (Bisica-Lucana) possède plusieurs mosquées et une synagogue. Dans le
vestibule de la grande mosquée on remarque trois
tombeaux en forme d'auge et une ancienne borne
milliaire qui sert aujourd'hui de colonne. Après
avoir quitté Testour on atteint l'hᵣ *Aïn-Tunga* (mu-
nicipium-Thignica). Ce mot *henchir* en abrégé *hᵣ*
signifie ferme et on désigne généralement les ruines
d'une cité romaine du nom de la ferme qui s'élève
aujourd'hui sur leur emplacement. On remarque à
l'*hᵣ Tunga* les vestiges d'une citadelle construite probablement à l'époque byzantine avec des matériaux
provenant de monuments antiques, les restes de deux
temples, d'un arc-de-triomphe, etc.

De là on atteint la petite ville de *Teboursouk* (Thi-
bursicum-Bure) située au milieu d'un territoire bien
arrosé et fertile. On parvient ensuite à *Dougga*
(Thugga) qui possède un magnifique mausolée revêtu
naguère d'une inscription bilingue punique et libyque.
Elle en a été arrachée et transportée au Musée Bri-
tannique. Dans l'ouvrage de M. Guérin, il s'en trouve
un fac-similé réduit au 16/100. A Dougga on remarque
également des temples, des arcs de triomphe, des
citernes, etc. Après avoir passé ensuite le fondouk
nommé *bordj-el-Messaoudi,* on atteint le *Kef* (Sicca-
Veneria) dont la population peut être estimée à 5,000
habitants.

La dénomination de Sicca-Veneria que la ville
portait du temps des Romains tire son origine des
mots Tyriens (Succoth-bernoth) qui signifient les

tentes des filles. Le temple de Vénus qui s'élevait là
était en effet environné de tentes destinées à abriter
les ferventes adoratrices qui accouraient de toutes
parts pour célébrer les mystères de la déesse. La
ville du Kef ou du rocher est bâtie sur la pente d'une
montagne escarpée ; un mur flanqué de plusieurs
bastions constitue son enceinte. Au sommet s'élève
un petit fort et tout à côté la Casbah qui est dominée
elle-même par les ruines d'une basilique chrétienne
que les Arabes nomment le Kasr-er-Roula ou château
de la Goule. Çà et là dans les constructions de la ville
on trouve des tronçons de colonnes, des chapiteaux
mutilés et d autres débris provenant de monuments
anciens. On remarque encore les vestiges d'un ancien
temple d'Hercule, deux fontaines et onze citernes.

Du Kef aux ruines d'Haidrah par l'h^r Medeïna, on
estime qu'il y a 95 kilomètres. Du reste, ce chiffre ne
peut être qu'approximatif car jusqu'à présent on n'a
déterminé les distances en Tunisie que d'après le
chemin parcouru en une heure par un mulet ou par
un cheval.

A l'h^r *Medeïna* (Thibaritanum municipium) on remarque les ruines d'un petit temple, d'un théâtre,
d'un arc de triomphe et de quelques mausolées. De
là on atteint les ruines d'*Haidrah* (Ammaedara).
Cette cité antique était bâtie sur les deux rives d'un
cours d'eau alors bordées d'un quai ; on peut évaluer
son enceinte à six kilomètres. La ville proprement
dite s'étendait sur la rive gauche, on y remarque un
grand arc de triomphe dédié à Septime Sévère, quatre

basiliques chrétiennes, plusieurs tombeaux, deux hautes colonnes isolées, les restes d'un théâtre, d'une citadelle, d'un palais, etc.

De l'h^r Medeïna, au lieu d'aller directement à Haidrah on peut retourner au bordj-Messaoudi en passant par l'h^r *Zanfour* (Assuras) ; on y voit trois portes triomphales dont la plus élevée a au moins 10 mètres de hauteur sur 11 mètres de longueur, un théâtre, plusieurs enceintes, etc. A une certaine distance à l'E. de l'h^r Zanfour se trouve l'emplacement de la cité de *Zama*.

En quittant Haidrah on se dirige sur Tunis en traversant d'abord les ruines de *Thala* parmi lesquelles il faut citer un mausolée et un certain nombre d'enceintes. Après avoir dépassé Thala, on arrive au *Bordj-el-arbi* à l'O.-N.-O. duquel s'élèvent les restes de *El-Hammam* (Saltus-Massipianus), puis le *Kasr-Mouro*, mausolée antique qui a actuellement 5 mètres de hauteur, 8 mètres de longueur et 6 mètres de largeur. De là on atteint l'h^r *Dugga* (Tucca Terebinthina) avec deux enceintes, puis l'h^r *El-Meded* (oppidum Miditense) où l'on trouve un forum orné de portiques, une basilique chrétienne, etc. On arrive ensuite à l'h^r *Makter* (oppidum-Mactataritanum) où l'on remarque un arc de triomphe, un grand édifice dont les murs ont au moins 2 mètres d'épaisseur, les vestiges d'un aqueduc et plusieurs mausolées ornés d'un bas-relief représentant un taurobole, etc. De là on atteint l'h^r *Aîn-Fournu* (oppidum Furnitanum), et l'h^r *Bou-Ftis* (civitas Avittensis Biba), où l'on peut voir les vestiges d'un arc de triomphe et d'autres constructions.

ITINÉRAIRE 3

De Tunis à Hammam-Korbès, Kelibia et Hammamet.

En quittant Tunis, on se rend d'abord à *Hamman-el-Lif* dont nous avons parlé précédemment, puis on arrive à *Soliman* (Megalopolis). Cette petite ville qui fut fondée en 1611 par les Maures chassés d'Andalousie, est bien déchue de son importance passée; elle possède trois mosquées qui renferment, dit-on, des colonnes antiques. De là, après avoir gravi la montagne escarpée du djebel Korbès, on atteint la station thermale du même nom.

Le petit village de *Hammam-Korbès* (*Carpi* ou *Ad-aquas*, ou encore *aquæ Calidæ*) est bâti dans une gorge non loin de la mer, il renferme plusieurs sources employées avec succès dans différentes affections, notamment dans le traitement des maladies cutanées et des accidents qui réclament l'emploi du mercure. De Hammam-Korbès on peut faire une excursion à l'*h*ᵉ *Meraissa* où gisent encore quelques ruines. Pour aller de Tunis à Hammam-Korbès, il y a tout avantage à traverser le golfe en barque.

Après avoir gravi de nouveau la montagne du Korbès, si l'on se dirige vers l'extrémité de la presqu'île, on passe l'*h*ᵉ *Sidi-Daoud-en-Noubi*, l'îlot de la Tonnara, à 14 kilomètres duquel s'élève l'île de *Djamour-el Kebir*, et on atteint *Rhar el-Kebir* immenses

carrières creusées par les Phéniciens. Ces excava-
tions constituent un ensemble de dix-huit salles soutenues par d'énormes piliers et éclairées par des
regards en forme d'entonnoir. De là on arrive au
village d'el-Haouria. En continuant de suivre le
littoral, on rencontre *Kelibia* (Clypea), ville située à
une petite distance de la mer. La citadelle de Kélibia renferme les ruines du château antique et de
très belles citernes, on distingue encore les débris de
môles qui protégeaient le port marchand et le port
militaire.

La même route conduit ensuite au bourg de *Men-
zel-Temine*, remarquable seulement par quelques
tronçons de colonnes encastrés dans des murs de
construction moderne; puis à *Kourba* (Curubis), petite
ville qui s'élève non loin de la mer. Une inscription,
la plus ancienne que M. Guérin ait découverte, nous
apprend que l'affranchi L. Pomponius, décemvir
quinquennal, avait fait entourer la ville d'un mur de
pierre. De là, après avoir passé les grottes sépulcrales de *Rhiran-bou-Salah*, on atteint *Nabel* (Neapolis).
Cette petite ville possède une demi-douzaine de
mosquées et des bazars; tout autour s'étendent des
jardins où l'on cultive des arbres fruitiers, des roses
et des jasmins. L'air de Nabel a une grande réputation de pureté et de douceur, aussi est-il favorable
aux maladies de l'appareil respiratoire et aux affections de poitrine.

Plus loin se trouve *Hammamet*, petite ville entourée
d'une enceinte flanquée, de distance en distance, de

tours carrées. A l'extérieur, on remarque plusieurs marabouts dont un est dédié à Sidi-Aïssa le grand patron des Aïssaouas.

De Hammamet on peut aller visiter les ruines de *Kasr-ez-Zit* (civitas Siagitana) et de *Souk-el-abyad* (Putput). Si, au contraire, on revient à Tunis, il faut passer par l'*hr-el-Meden* (municipium Aurelia-Vina), *Bir-el-arbaïn*, cimetière qui renferme les tombes de quarante martyrs musulmans, *Belad-belli*, village dont la mosquée contient, dit-on, des colonnes antiques, et enfin *Groumbelia*, village de 400 habitants où le bey possède un pressoir à huile.

ITINÉRAIRE 4

De Tunis à Sousse, Kairouan, El-Djem, Sfax et Jerbah.

Après avoir quitté Tunis, on passe par *Hammam-el-Lif*, le puits de *Bir-el-Bouita*, le *Kasr-el-Menara*, mausolée circulaire ayant environ 10 mètres de hauteur et 14 mètres de diamètre, et l'*hr Es-Selloum*. A une assez grande distance à l'Ouest de ce dernier point, se trouve l'*hr Sidi-Khalifa* (Aphrodisium), où on remarque une porte triomphale avec une teinte rougeâtre semblable à celle des murs d'enceinte de l'alhambra de Grenade.

Après avoir dépassé *Herglah* (Horrea Coelia), on arrive à Sousse que nous avons décrit précédemment.

Quand on part de Tunis dans l'intention d'aller visiter *Kairouan*, il faut adresser au bey la demande d'une lettre pour le gouverneur de cette ville ainsi que pour le gouverneur de Sousse. Ce dernier fonctionnaire donne alors une escorte au voyageur. De Sousse à Kairouan on compte environ 52 kilomètres, le trajet s'accomplit en six heures.

La ville de Kairouan, dont la population peut-être évaluée à 20 ou 25.000 habitants, s'élève dans une plaine déserte à une certaine distance de la Sebkhah sidi-el-Hani ; son climat est malsain et sujet à de grandes variations de température. Fondée au IX* siècle de l'hégire par Ben-Yoglob, chef de la dynastie des Aglabites, elle est considérée par la masse des Arabes comme la cité sainte et la véritable capitale religieuse de la Tunisie.

Kairouan est entouré d'une enceinte crénelée défendue de distance en distance par des tours. La plus belle maison est le *dar-el-bey* réservé aux étrangers de passage et qui, à leur défaut, sert de refuge aux scorpions. On peut compter en tout une vingtaine de mosquées et une cinquantaine de zaouias. La mosquée la plus importante porte le nom de *djama-el-Kebir*, elle est entourée d'une haute muraille percée de plusieurs portes. Sur un des côtés de la cour s'élève le minaret que l'on aperçoit de fort loin. Les galeries et les nefs que comprend cet édifice sont ornées de plus de quatre cents colonnes en onyx, en porphyre et en marbre placées parfois un peu pêle-mêle ; ainsi, on voit un tronçon de colonne de marbre blanc surmonté d'un autre tronçon de colonne en granit, une colonne d'ordre dorique revêtue d'un chapiteau de style corinthien et le reste à l'avenant. On y trouve également des colonnes cannelées de toute beauté que les musulmans se sont efforcés d'arrondir avec du plâtre. La chaire à prêcher et les portes en bois du cloître sont sculptées d'une manière remarquable. A cette mosquée est annexée une m'dersa dont la bibliothèque renferme les commentaires du Coran. La plus grande zaouia est celle de Sidi-Amour-Rabeda, santon mort il y a une trentaine d'années à Tunis ; on remarque encore la zaouia de Sidi-abd-el-Kader-el-Kilani, et la zaouia de Sidi-Sahab qui renferme la dépouille d'un des barbiers du prophète. Ce dernier sanctuaire est entouré de nombreux tombeaux, car beaucoup de musulmans viennent terminer leur existence à Kairouan.

Autour de la ville on peut voir un certain nombre de Koubbas environnés également de sépultures ; quelques tombeaux en mauvais état tels que ceux des Aglabites et celui de Sidi-Schanoun, théologien mort en l'année 854 de l'ère chrétienne, jouissent du reste d'une vénération aussi grande que les plus célèbres édifices religieux de Kairouan. Cette ville ne possède aucune fontaine publique, mais chaque maison renferme une citerne. En dehors des murs, on peut voir quatre grandes *Fesguias* ou réservoirs plus ou moins dégradés ; le plus vaste, qui se trouve à l'Ouest, n'a pas moins de 145 pas de tour. La ville renferme plusieurs bazars divisés en quartiers distincts et un cer-

tain nombre de marchés alimentés par les nombreuses
caravanes qui viennent de toutes les parties de la
Régence. L'industrie locale consiste en tapis, pelle-
teries, sellerie et babouches de cuir jaune. A vingt-
cinq minutes au Sud de la ville s'étendent les ruines
de la cité antique de *Sabra*.

De Kairouan à *El-Djem* on compte environ 70 kilomètres. Pendant l'été on peut traverser la Sebkhah
en passant alors par l'emplacement de l'antique bour-
gade de *Vicus Augusti*.

De Sousse à El-Djem, on estime qu'il y a 65 kilomètres le trajet s'accomplit en huit heures. Le magnifique amphithéâtre d'El-Djem, dont la construction
est attribuée à Gordien le Vieux, est de forme ovale
et composé de trois étages formés par trois rangs
superposés d'arcades. Suivant son grand axe, il présente une longueur d'environ 149 mètres et suivant
son petit axe, un diamètre de 144 mètres; sa hauteur
primitive était au moins de 30 mètres. En 1695 ce
monument fut transformé en forteresse par des Arabes
révoltés. A peu de distance, se trouve l'emplacement
de la ville antique de *Thysdrus*. On remarque également à El-Djem un souterrain qui servait probablement à l'écoulement des eaux que l'on amenait
pour les naumachies. De El-Djem on peut aller
directement à Sfax ou revenir à Sousse.

En suivant le littoral à partir de Sousse, on rencontre successivement les villes de Monastir, Mehdia,
Sfax, Gabès et Jerbah, que nous avons décrites précédemment. On passe de la terre ferme dans l'île de

Jerbah au point nommé le *ras-el-djorf*. En continuant
à longer le bord de la mer à partir du ras-el-djorf,
on trouve les ruines de *Sidi-Salem-bou-Grara* (Gig-
this), de *Medinet-Zian* (Ponte-Zita ?) puis le bourg de
Zarziss à 27 kilomètres au S.-E. duquel commence la
frontière de la Tripolitaine.

En face de Sfax s'étendent les *îles Kerkennah* à
28 kilomètres de la terre ferme; la plus grande porte
le nom de *Charki* (Cercina), elle a 25 kilomètres de long.
Cette île était réunie autrefois à la plus petite, *Dzira*,
par un pont qui avait au moins un kilomètre de longueur. Dans l'île de Dzira on peut voir une tour d'origine sarrazine, haute d'environ 12 mètres. Les îles
Kerkennah produisent une petite quantité de céréales,
de beaux raisins et une boisson que l'on extrait de
la sève du palmier ; on y trouve également deux
Sebkhahs. Ces îles ont servi jusqu'à présent de
lieu de bannissement pour les femmes.

ITINÉRAIRE 5

De Tunis à Gafsa et à Tozer.

Après avoir quitté Tunis, on atteint la *Mohammedia* puis l'h* El-Kasbah* (Thuburbo-Majus), où l'on
remarque quatre portes triomphales, les débris d'un
amphithéâtre, une vaste piscine, etc. De là on arrive
successivement à l'h* Bir-Magra* (Civitas-Thibica) et
à l'h* Oum-el-abouab* (municipium Seressitanum) —
muni de quatre portes tournées chacune vers l'un

des quatre points cardinaux. On y voit les vestiges d'un théâtre, d'un amphithéâtre, etc.

On trouve ensuite l'*h* *Aïn-Fournu* et un certain nombre de localités citées dans l'itinéraire n° 2. Enfin on atteint le *Kasr-Mouro*.

Au delà du Kasr-Mouro, on traverse *Sbiba* (colonia Sufetana), dont le pourtour est d'environ 6 kilomètres puis *Sbeïtla* (Sufetula) remarquable par une magnifique voie dallée qui aboutit à un arc-de-triomphe, par une vaste enceinte renfermant trois temples, etc. Plus loin est *Kasrin* (colonia Scillitana), où subsiste encore un superbe mausolée revêtu d'inscriptions dont le fac-simile se trouvé dans l'ouvrage de M. Guérin. On rencontre ensuite le village de *Feriana*, dont la population est d'environ 600 habitants. Au N. et au N.-O. de Feriana s'étendent les ruines immenses de *Medinet-el-Khedima*, où l'on remarque une gigantesque construction en briques nommée *el-Hammam*. A dix minutes au Sud du village on rencontre un bloc que les Arabes désignent par le mot de *hadjar-Souda*, ou pierre noire, c'est peut-être un aérolithe. Au delà de l'Oued-el-Mendjour on peut voir une galerie sou-terraine connue sous le nom *de Ghorfak-bent-er-Roumia*, ou la cachette de la fille de la chrétienne.

En continuant la route dans la direction du Sud, on atteint l'*h* *Semat-el-Hamra*, où s'élève un mausolée dédié à une Romaine nommée « Urbanilla ; » puis *Gafsa*. L'oasis de Gafsa dont la population peut s'éle-ver à 5,000 habitants, est la plus septentrionale du Djerid. Sa Casbah renferme deux mosquées, une pri.

son et une source intarissable. Les palmiers et les arbres fruitiers qui entourent Gafsa atteignent des proportions colossales ; l'industrie des habitants consiste dans la fabrication des burnous et des couvertures de laine.

Au S.-E. de Gafsa se trouve l'oasis d'*El-Guellar*.

Toujours dans la direction du Sud, on rencontre l'oasis d'*el-Hamma*, composée de quatre villages, et on arrive à *Tozer* (Thusuros). Cette oasis est le véritable chef-lieu du Djérid ; sa population est d'à peu près 12,000 habitants. On désigne sous le nom de *Belad-el-Djérid*, ou pays des palmiers, la contrée sablonneuse qui s'étend au Nord et à l'Ouest de la sebkhah Faraoun. Tozer est formé par la réunion de neuf villages ; ses jardins sont très beaux.

De là on peut faire une excursion à *Nefta* (Aggarsel-Nepte), oasis comprenant neuf villages, dont les jardins sont également très beaux et très fertiles. Malgré la richesse du sol, les habitants de ces oasis sont loin de mener une vie heureuse, faute d'une administration assez éclairée pour répartir équitablement les impôts.

ITINÉRAIRE 6

De Gabès à Tozer.

Au sortir de Gabès on rencontre un certain nombre de *mechads* ou tas de pierre, dont chacun marque le théâtre d'un assassinat esté impuni. Bientôt on atteint l'oasis d'*el-Hamma* où se trouve la station romaine d'Aquæ Tacapitanæ. Non loin de là on entre dans le Belad-Nefzaoua, limité au N.-O. par *Debabcha*, village à peu de distance duquel commence la Sebkhah Faraoun. Cette Sebkhah est divisée en plusieurs bassins séparés par des chaussées ; l'hiver elle est envahie par les eaux ; l'été elle est recouverte d'une couche de sel cristallisé qui éblouit la vue. On traverse ce lac sur une chaussée bordée de pieux dont il est prudent de ne pas s'écarter si l'on ne veut pas tomber dans une fondrière ou être englouti dans des sables mouvants. L'hiver, le sol est excessivement glissant. Vers le milieu de la chaussée se trouve le *Hadjar-en-Noss* ou la pierre du milieu : c'est une borne un peu plus haute que les précédentes. De là on gagne le village de *Cédéda* et après avoir traversé quelques localités peu importantes, on arrive à Tozer.

VII

MAURES ET MAURESQUES. — ARABES. — KABYLES. — ISRAÉLITES. — SUPERSTITIONS. — LE BARBIER ARABE. — LE CAFÉ MAURE. — LES AISSAOUAS. — LA FANTASIA. — LES ALMÉES.

La race que l'on a le plus souvent sous les yeux dans les villes de la Tunisie est celle des Maures ou *Hadars*. Ils descendent soit des Maures chassés d'Andalousi, soit d'esclaves renégats de toutes nations. La religion musulmane autorise ses prosélytes à pren-

dre quatre femmes légitimes et un nombre illimité
de concubines. Toutefois, la pauvreté les force le plus
souvent à se contenter d'une seule. Les Mauresques
sont brunes, à peau jaunâtre; leurs yeux sont grands
et d'un noir velouté, leur pied court et large. Le
costume des Mauresques se compose d'une ou de
plusieurs vestes et d'un pantalon, le tout plus ou
moins richement orné. Elles portent aux pieds des
babouches en maroquin tantôt rouge, tantôt vert;
leurs cheveux sont entremêlés de sequins, leurs bras
et leurs chevilles chargés de bracelets. Il est certain
qu'une jeune et belle fille, revêtue d'un pareil costume, pourrait offrir un spectacle agréable à l'œil,
mais il ne faut pas se dissimuler que toutes les Mauresques sont loin d'être séduisantes. D'ailleurs, le
caractère passif de la femme orientale est fait pour
lasser bien vite un Européen. Les Mauresques ont
en outre, l'habitude de teindre avec du henné la
paume de leurs mains et leurs ongles qui, à l'aide de
cette matière, prennent une couleur acajou peu enga-
geante. Ajoutez à cela une figure couverte parfois
d'une épaisse couche de blanc et de rouge, joignez-y
encore une odeur pénétrante qui dénonce l'abus du
patchouli, et vous serez suffisamment renseigné sur
les charmes que ces femmes doivent à la nature ou
qu'elles empruntent aux artifices de la toilette.

Telle est dans son intérieur la Mauresque que
peut voir le commun des mortels. Si elle sort du
logis, elle revêt un large pantalon de toile blanche
lié au-dessus de la cheville : elle remplace ses ba-

bouches élégantes par des escarpins de cuir et se voile la figure, jusqu'à la racine du nez, avec une pièce d'étoffe plus ou moins transparente.

On marie les femmes de douze à quatorze ans. Il est à remarquer que le futur époux ne s'informe presque jamais des antécédents de celle qu'il a choisie, mais, une fois jointe à lui par les liens du mariage, il en exige une soumission et une fidélité absolues. Le musulman n'apprécie, du reste, la femme que comme un instrument de plaisir et la tient pour un être de rang inférieur. Ce manque de considération ne peut guère rehausser le caractère moral de la Mauresque: la vie cloîtrée qu'elle mène achève de lui enlever toute initiative et tout sentiment de valeur personnelle. Elle s'abandonne à sa nature indolente et l'aiguillon de la vanité seul a le pouvoir de la faire sortir de son apathie.

On reconnaît les Arabes à leur teint basané, à leur maigreur ascétique, à leurs yeux ardents, à leur barbe noire et peu fournie. Naturellement fiers et courageux, ils n'ont de respect que pour ceux qui savent les dominer soit par leur fermeté de caractère, soit par leur adresse dans les exercices du corps, ou par leur habileté dans le maniement des armes à feu. Mais quand un homme a su leur imposer sa supériorité, le respect qu'ils éprouvent pour lui se rapproche de la vénération. L'Arabe est peu instruit, il est fataliste et, par conséquent, absolument inerte en face d'une calamité imprévue. Le fond de son caractère est un mélange de cupidité et de fourberie qui se développent singulièrement au contact de la civilisation européenne.

La femme arabe se marie de douze à quatorze ans. Sa vie est un perpétuel esclavage. On rencontre des Arabes tellement jaloux qu'ils ne veulent pas que leur femme sorte, même pour aller au marché : ils vont eux-mêmes acheter leurs provisions.

Les Kabyles, ces descendants des Berbères, ont les formes trapues, la figure pleine, le nez puissant, les lèvres épaisses. Plusieurs ont sur le front une petite croix tatouée en bleu. Cet usage, qui remonte à la domination vandale et s'est perpétué depuis, avait pour but, dans l'origine, de marquer les chrétiens d'un signe distinctif.

La femme kabyle porte de grands anneaux de métal aux oreilles et aux chevilles ; elle est marquée sur la figure et sur le corps de tatouages bleuâtres. Une fois mariée, elle est soumise à de si rudes travaux qu'elle paraît vieille à vingt-cinq ans, et doit s'estimer heureuse quand son seigneur et maître ne l'attelle pas à la charrue comme une bête de somme, ou ne lui fait pas faire de longues courses à pied, un enfant sur le dos, pendant que lui-même voyage à cheval. Les Kabyles marient leurs filles dès l'âge de sept à huit ans : ils exigent de leurs fiancées des preuves irrécusables de virginité.

On remarque encore en Tunisie : des Kourourlis provenant du croisement des Turcs et des Mauresques; quelques Grecs, et des nègres descendant d'esclaves originaires du Soudan.

6.

Les Israélites présentent le type caractéristique de
leur race. Ils se montrent d'une grande habileté dans
toute espèce de commerce et savent « au besoin » se
contenter d'un léger bénéfice. Aussi tous possèdent-
ils au moins une modeste aisance. Quelques-uns
jouissent de richesses considérables, mais ils n'en
mènent pas plus grand train pour cela et leur existence ne diffère point de celle de leurs coreligion-
naires moins favorisés de la fortune.

Les Juives ont toujours le visage découvert. Quoique nous puissions leur reprocher un léger excès
d'embonpoint, il faut reconnaître qu'elles ont généralement une physionomie piquante, surtout dans
leur extrême jeunesse. On en rencontre parfois d'une
beauté remarquable. Le costume des Juives tuni-
siennes se compose d'une petite culotte à peu près
collante qui forme quelques plis à la ceinture où elle
est fixée au moyen d'un cordonnet se terminant par
deux glands argentés. Leurs jambes sont revêtues
d'espèces de molletières collantes parfois recouvertes de broderies d'or. Leur vêtement de dessus
consiste en une tunique sans manches de couleur
blanche, bleue ou rose. A Tunis cette tunique ne
couvre que la moitié les cuisses; à la Goulette elle
est encore plus courte. Comme coiffure, elles ont
une petite toque aplatie et pointue posée crânement
sur le sommet de la tête; elles y adaptent un long
voile. Quand ce costume est porté par une fille de douze
à treize ans, fraîche et déjà formée comme elles le sont
à cet âge dans les pays chauds, il est difficile de

trouver rien de plus pittoresque. Du reste, il est infiniment plus agréable de se trouver en face d'une Juive orientale revêtue de ce costume, que de la voir coiffée de chapeaux à longues plumes, et sanglée dans des robes européennes soi-disant *à la dernière mode de Paris*. Ce genre de toilette tout spécial a le tort de faire ressortir son embonpoint exagéré et sa démarche toute particulière.

La plus grande ambition d'un Juif tunisien est de faire un pèlerinage à Jérusalem et d'y être enseveli; on en a vu traverser à pied la Tripolitaine et l'Egypte pour réaliser ce vœu. Si la faible durée de la vie humaine ne lui permet pas de voir sa race régénérée reprendre possession de l'antique Palestine, il a au moins alors la consolation de savoir que ses ossements reposeront dans le sein de cette terre sacrée où ses descendants doivent renouveler le royaume de Juda.

Quand deux Maures se rencontrent dans la rue, ils s'inclinent cérémonieusement l'un devant l'autre, ils se serrent la main droite et la portent ensuite à leur bouche. Les Arabes s'embrassent sur l'épaule et quelquefois sur les joues, quand ils sont tout à fait intimes. Les musulmans et surtout les nègres sont très superstitieux, ils croient aux *djins* ou démons, à l'influence bonne ou mauvaise des planètes, etc. Du reste, la croyance à ces influences secrètes et incompréhensibles a existé à toutes les époques et chez tous les peuples. Les *talebs* ou savants fabriquent des amulettes qui ont, disent-ils, le pouvoir de guérir les rhumatismes et de préserver de la morsure des serpents. Des sorcières se livrent à des pratiques analogues, mais moins innocentes, car elles composent des philtres ayant la propriété de faire avorter les femmes ou de rendre les hommes impuissants; elles vendent également des substances aphrodisiaques et même du poison. Après tout, nous n'avons pas à nous moquer des musulmans sur le chapitre de la crédulité, car certains paysans ne sont guère plus avancés, et dans les grandes villes de l'Europe, à Paris même, dont on veut faire la capitale de la civilisation et du progrès, les chiromanciennes, les tireuses de cartes, les somnambules et autres diseuses de bonne aventure trouvent journellement autant de dupes qu'il leur en faut.

Les Arabes ont un grand respect pour les fous, les idiots, les médecins et les prêtres. Cette vénération pour les insensés existe, du reste, chez d'autres peuples : pour eux, l'esprit d'un être privé de raison s'est confondu avec le « grand tout, » avec la divinité. Les Arabes et surtout les Juifs ont une aversion particulière pour le chien qu'ils considèrent comme impur; dans ces contrées un dogue un peu féroce ne serait vraiment pas un protecteur à dédaigner.

Les marabouts sont des personnages qui, s'il faut en croire les récits des indigènes, ont accompli des choses aussi merveilleuses que matériellement impossibles.

La boutique du barbier arabe consiste en un réduit plus ou moins exigu blanchi à la chaux. Le long des murs s'étend un banc en maçonnerie recouvert de nattes.

Le café maure est installé dans un local à peu près semblable, l'ameublement n'en est guère plus luxueux. Le *cahouadji* ou cafetier se tient près d'un fourneau en terre et prépare chaque tasse au fur et à mesure que le consommateur se présente. Pour confectionner le *cahoua* ou café, il jette dans une tasse une pincée de café réduit en poudre impalpable et achève de la remplir avec de l'eau bouillante. Il place ensuite cette tasse sur des charbons ardents, l'y laisse quelques instants, ajoute du sucre et le sert aussitôt au consommateur. Toutefois, la véritable tasse arabe étant dépourvue d'anse, il la met préalablement dans une espèce de petit coquetier en métal. Dans certaines contrées, ainsi que nous l'avons vu au Maroc, on présente en même temps une petite pipe chargée de *kif*, plante verdâtre qui a les propriétés de l'opium mais à un degré plus faible.

Parfois, le soir, les cafés ont un aspect animé : des musiciens y jouent de la flûte arabe et du *rebeb*, espèce de violon à deux cordes, en s'accompagnant de la *derbouka*. On y peut rencontrer également des conteurs qui débitent des histoires merveilleuses ou qui récitent des versets du Coran : les musulmans écoutent toujours avec plaisir ce qui contribue à tenir en éveil leur fanatisme religieux. Un Européen désireux de se perfectionner dans la langue arabe fréquentera utilement ces établissements.

Le bain maure est une des grandes distractions

des Orientaux naturellement fort appréciateurs du
« far niente ». Après s'être fait savonner puis mas-
ser, et même *étriller* avec un gant en poil de chameau, on prend une tasse de café et on dort une
couple d'heures. Les femmes vont au bain à des
heures réservées et sont servies par des négresses.

Les *Aïssaouas* forment une vaste secte dont les
membres poussent l'enthousiasme religieux jusqu'à
se rapprocher volontairement de la brute. Pour
commencer leurs cérémonies, les adeptes s'accrou-
pissent les uns contre les autres et entonnent en
chœur une litanie monotone qu'ils accompagnent
avec des tams-tams. Le chant terminé, un des initiés
se lève et se livre à une danse sauvage ou balance,
par un mouvement rapide, le haut du corps en s'in-
clinant, tantôt à droite, tantôt à gauche. Quand cet
énergumène est épuisé de fatigue, il roule à terre
dans un état d'extase. Bientôt reprenant ses sens, il
se lève les yeux hagards et se met à exécuter une
série de tours extravagants qui consistent soit à imiter les rugissements d'une bête féroce, soit à allumer
du foin avec le feu qu'il fait sortir de sa bouche, ou
encore à porter dans ses mains un fer rouge, à se
faire des piqûres à la peau, à dévorer des scorpions
vivants, des serpents, etc.

Les Arabes sont impénétrables quand on les inter-
roge au sujet des Aïssaouas : les plus indiscrets
veulent bien dire toutefois que ceux-ci jouissent mo-
mentanément d'une puissance surnaturelle qui leur
permet d'opérer de véritables prodiges. Les adeptes

entrent fort jeunes dans cette société et, comme signe distinctif, laissent croître leurs cheveux. Insensiblement ils arrivent à prendre leurs jongleries au sérieux et exploitent largement la crédulité religieuse. En réalité, leurs tours les plus extraordinaires feraient sourire le moins adroit de nos escamoteurs.

La *fantasia* est le divertissement par excellence des Arabes : c'est là qu'ils ont l'occasion de « faire parler la poudre ». Cet exercice consiste dans une série de charges exécutées à fond de train par des groupes de cavaliers dont les plus habiles lancent leur fusil en l'air, le rattrapent, font feu, etc., sans ralentir l'allure de leurs chevaux.

La danse orientale est exécutée par des femmes que l'on appelle *almées*, du mot antique *alamoth* : cette danse consiste en un mouvement d'ondulation plus ou moins rapide des hanches et du ventre exécuté au son d'une musique rythmée. En Tunisie, ce divertissement n'a lieu qu'à l'occasion d'une fête, mais on peut s'en offrir le spectacle en tous temps moyennant finances. C'est en Égypte, à Esneh, à Louqsor ou encore à la foire de Tantah, au mois d'août, que l'on voit les almées les plus fameuses. Au début, leur danse ne choque pas trop les règles de notre bienséance européenne; mais lorsqu'elles sont échauffées par l'action et par les liqueurs qu'on leur offre en guise de rafraîchissements elles se livrent à tout le laisser-aller oriental : leurs mouvements lascifs, leur attitude pleine de provocation, leur regard allumé en font de véritables bacchantes.

VIII

ETHNOGRAPHIE DE LA TUNISIE. — PRODUCTIONS. — NOTIONS HISTORIQUES. — GÉNÉALOGIE DES BEYS.

A une époque fort reculée, le Nord de l'Afrique était occupé par un peuple de race noire que l'arrivée des Berbères refoula vers le Sud. Depuis, les races se sont superposées sans se mélanger entièrement. On en distingue encore, dans la Tunisie sept types différents :

Les Maures ou *Beldi* qui habitent les villes, les Arabes ou *Arbi*, qui habitent la campagne, les montagnards ou *djebelli*, les Turcs ou *Tourqui*, les fils de Turcs et de femmes arabes ou *Kourourlis*, les nègres ou *Oucif*, les andalous ou *Endessly*.

Le nombre des tribus est considérable: les unes sont sédentaires, les autres nomades. Celles-ci vivent soit dans des gourbis, huttes grossières construites en pierre sèche et recouvertes d'une toiture d'alfa, soit sous des tentes en étoffe tissée de laine et de poils de chameau, soutenues par un poteau et deux perches en bois. Accroupis pêle-mêle dans ces abris primitifs ouverts à tous les vents, habitués dès leur enfance à une nourriture extrêmement frugale, les Arabes ont généralement une santé robuste; mais chez eux la propreté laisse fort à désirer. Quand on se propose de visiter une tribu, il est prudent de se munir d'un gourdin solide pour chasser les chiens qui s'élancent avec férocité contre les étrangers ou l'approchent sournoisement pour mordre tout survenant inconnu dans le douar.

Il existe souvent au sein des tribus des rivalités particulières qui dégénèrent nécessairement en lutte à main armée.

La superficie de la Tunisie est évaluée à douze millions d'hectares. La population totale est d'environ 1,600,000 habitants que l'on peut répartir de la manière suivante : Grandes tribus nomades : 1,200,000 habitants ; population des villes et des villages : 300,000 habitants; la ville de Tunis : 100,000 habitants. Ces chiffres ne sont évidemment qu'approximatifs, car le recensement des populations musulmanes présente de grandes difficultés et n'a jamais été fait d'une manière sérieuse.

La Tunisie produit à peu de chose près les mêmes légumes et les mêmes fruits que l'Algérie.

Les faunes sont également semblables : le lion, qui devient de plus en plus rare, la panthère, le chacal, le renard, la hyène, le lynx, la gazelle, sont les principaux représentants des espèces sauvages. Parmi les animaux domestiques on peut citer le cheval, le bœuf, le mouton, la chèvre, et spécialement le chameau, ce serviteur si sobre et si utile des populations du Sahara. Les mulets sont également recherchés et lorsqu'ils sont en bon état, ont plus de valeur que les chevaux. On ne peut faire sortir de la Régence aucun animal sans un *Tesskret* ou autorisation du bey.

Ii serait injuste d'oublier dans cette énumération un humble animal dont la patience et la soumission n'ont pu trouver grâce devant la barbarie de ses maîtres africains. Nous avons nommé l'âne. Combien de fois n'avons-nous pas vu sur la côte qui s'allonge de Tanger à Alexandrie, de ces pauvres bêtes, mourant de faim et le corps couvert de plaies, porter des fardeaux énormes, marchandises ou gaillards obèses qui les nourrissaient à coups de matraques !

Parmi les faits historiques les plus remarquables, qui se sont passés sur le territoire actuel de la Régence de Tunis nous rappellerons : les guerres de Jugurtha, quelque temps après la destruction de Carthage par Scipion-Émilien, le partage de la Numidie, à la suite de la victoire des Romains à Thapsus, en l'an 46 av. J.-C ; l'expédition de Balbus en Phazanie ; la révolte du chef numide Tacfarinas, puis l'insurrection de Firmus, général des Maures. Nous assistons ensuite à l'invasion des Vandales qui, appelés dans un moment d'emportement par Boniface, comte militaire et gouverneur de la province, s'y établirent d'une manière définitive jusqu'à la conquête arabe. Voici les noms de leurs rois par ordre chronologique : 439-477, Genséric ; 477-488, Hunéric ; 488-496, Guntamunde ; 496-508, Trasamunde ; 508-532, Hildéric ; 532-534, Gélimer.

Nous arrivons à la période musulmane. Les Arabes, après s'être emparés successivement de Tripoli et de Gabès en 648, de Jerbah, de Sousse et de Bizerte, de 660 à 668, deviennent, en 670 les maîtres définitifs du pays, et fondent plusieurs dynasties, au nombre desquelles on remarque celles des Aglabites, des Obéïdites, des Almoravides ; celle des Chérifs qui règne encore aujourd'hui au Maroc, enfin celle des Hafsites qui subsista jusqu'à 1534. On connaît les expéditions du roi de France saint Louis, et de l'empereur Charles-Quint contre Tunis. Cette ville occupée en 1534, par le corsaire Frédéric Barbe-rousse, est prise en 1573 par Don Juan d'Autriche. En 1574, les sultans de Constantinople s'en emparent à leur tour et y établissent un gouvernement composé de pachas et de deys. De 1590 à 1702 on compte trente souverains successifs dont le dernier Ben-Ali-Turki est la souche de la famille qui règne actuellement.

En 1816 Othman bey abolit l'esclavage des chrétiens. Quelques-uns des princes qui règnent ensuite s'efforcent de faire entrer la Tunisie dans une voie de progrès. Au nombre de ceux-ci nous mentionnerons Hussein-bey, monté sur le trône en 1824, qui organise l'armée à l'européenne, Ahmed-bey, qui lui succède en 1837 et accomplit des réformes importantes. Le souverain actuel est S. A. Mohammed-Essadek-bey. Voici du reste la généalogie des beys de Tunis.

IX

RELIGION. — FÊTES RELIGIEUSES. — PÈLERINAGE A LA
MECQUE. — AGRICULTURE. — COMMERCE. — INDUS-
TRIE. — IMPOTS. — GOUVERNEMENT. — COMMISSION
FINANCIÈRE. — JUSTICE. — ARMÉE. — MARINE.

Les habitants de la Régence suivent la religion
musulmane fondée par le prophète Mahomet (*Mo-
hammed*). L'ère musulmane date du vendredi 16 juillet 622 ap. J.-C., c'est le jour de « l'hégire » ou de
la fuite du prophète qui se réfugia à Médine pour
échapper aux menaces de mort des K'oraïchites.
Cette religion comprend plusieurs rites entre autres
les rites Maleki et H'Anafi que l'on suit en Tunisie.
Tant qu'ils sont en dehors des villes, c'est-à-dire encore à l'état de campagnards bornés, les musulmans
observent fidèlement tous les préceptes plus ou moins
singuliers du Coran, mais une fois en contact avec
les Européens ils les négligent et le plus souvent
contractent et poussent à l'excès les vices propres à
une civilisation avancée. L'entrée des grandes mosquées est interdite aux femmes pendant que les
hommes s'y trouvent; il existe à leur usage des édifices plus petits nommés *Zaouias*.

La fête musulmane la plus importante est le *grand*

Beïram qui se célèbre le 10ᵉ jour du dernier mois de l'année arabe. On remarque ensuite le *rhamdan* ou mois du jeûne : c'est le neuvième de l'année. Pendant cette période, le musulman ne doit ni boire ni manger depuis le lever jusqu'au coucher du soleil. Les infirmes et les enfants font seuls exception. On conçoit facilement ce qu'un pareil jeûne a de pénible pour ceux qui sont obligés de travailler du matin au soir par une chaleur accablante. Il est vrai qu'ils se dédommagent amplement pendant la nuit des privations de la journée. Le mois du *rhamdan* écoulé, on célèbre le petit Beïram ou *Aïd-Srir* et plus tard le *mouloud* ou la naissance du prophète.

Tout musulman désire ardemment faire au moins une fois en sa vie le pèlerinage de la Mecque, car, outre la satisfaction d'obéir à ses convictions religieuses, il acquiert le droit au titre de *hadji* ou pèlerin qui lui vaut une certaine considération. Autrefois, les croyants aimaient mieux attendre le passage de la grande caravane venant du Maroc que de tenter le voyage isolément. Ils s'exposaient moins aux attaques des maraudeurs et des écumeurs du désert aussi redoutables dans les sables de l'Afrique que les pirates sur la mer. Aujourd'hui la concurrence maritime a fait considérablement baisser les prix de passage. Aussi n'hésitent-ils pas à s'embarquer à bord d'un paquebot qui les transporte à Jeddah pour une somme minime. Parqués comme un vil bétail sur le pont des bateaux étrangers, combien, dans les gros temps, ont été balayés par les vagues ou assommés contre les bastingages! Mais, qu'importe? « Ils sont retournés dans le sein d'Allah, disent leurs compagnons. » — « Tant d'Arabes tombés à la mer, dit le second au commandant du bord ». Et personne ne songe à eux le lendemain.

Les Arabes appartiennent à différentes sectes religieuses et suivent les préceptes de tel ou tel *marabout*. Les marabouts sont les saints de l'islamisme. On raconte sur ces personnages des légendes et des miracles auxquels les indigènes ajoutent absolument foi. La crédulité de ces populations devait naturellement les porter au fanatisme. Il est facile en effet d'exciter leur zèle religieux et de les armer contre les chrétiens. Mais le marabout qui veut les soulever doit tenir compte de leur état de dénuement et choisir le moment opportun. C'est ainsi qu'en 1877, le drapeau vert de la guerre sainte fut déployé au milieu d'une place de Tunis. De grands malheurs étaient à craindre et ne furent évités que grâce à l'intervention du général Khérédine et surtout à l'attitude énergique de M. Roustan, ministre de France à Tunis. Notre honorable chargé d'affaires a, du reste, donné, depuis cette époque, de nombreuses preuves de son sang-froid et de son habileté.

L'état peu florissant dans lequel se trouve actuellement l'agriculture a son origine dans l'inégale répartition de l'impôt; l'arbitraire et les abus ruinent le cultivateur et le découragent. Cependant le sol est d'une grande fertilité et à la suite d'un labourage même superficiel, produit en abondance toutes les espèces de céréales. Les parties les plus belles de la Tunisie se trouvent dans les environs de Mater et de Bizerte ; vient ensuite la Dachkla, contrée qui s'étend du 120ᵉ au 197ᵉ kil. du chemin de fer. La côte orientale depuis Hammamet jusqu'à Gabès est assez bien cultivée ; on y rencontre surtout des oliviers. Dans les années de disette, un décret du bey interdit l'exportation absolue des céréales.

Parmi les produits de l'agriculture, l'orge et le blé forment la base principale de l'exportation ; ensuite vient l'huile d'olives dont la vente annuelle se chiffre par millions de piastres. Pendant ces dernières années on a exporté pour environ 3,000.000 de francs de laine, la première qualité se vendant à raison de 70 à 72 francs les 100 kilos. Citons en outre le commerce des bœufs et du sel, puis les cuirs, les peaux, le poisson salé, les amandes, le miel, les limons, les savons, les essences, la cire, la poterie, les meules, les fruits secs et les éponges.

Il est à remarquer que les négociants français préfèrent se tenir à l'écart des relations commerciales avec la Tunisie, à cause du grand aléa qu'elles présentent, et qui tient à ce que les habitants du pays sont soumis chacun au tribunal de sa nationalité et non à une juridiction unique.

On importe de France, d'Italie et d'Angleterre la plupart des objets usuels, tels que les articles de quincaillerie et d'épicerie, les habits, les armes, le vin, les matériaux de construction, etc.

Le commerce avec l'intérieur de l'Afrique ne se

fait plus maintenant par Tunis, les caravanes vont directement à Tripoli.

L'industrie locale est entravée par une routine invincible. Les produits indigènes consistent en tapis, burnous, selles, babouches, tissus de soie et de laine, etc.

Au nombre des impôts qui frappent les populations, il faut citer : la cote personnelle, soit 36 piastres par an, que chaque habitant âgé de plus de dix-huit ans verse entre les mains du caïd ; le kanoun ou impôt sur le commerce et l'industrie; l'achour ou impôt du dixième de la récolte; le kharoube ou impôt d'un kharoube par piastre sur les loyers, les transactions, etc.

La contrebande nuit beaucoup à la prospérité des finances. Les vins et eaux-de-vie payent 10 0/0 d'entrée ; les autres articles 8 0/0; les objets d'or ou d'argent 1 0/0. Toutes les marchandises payent un droit variable de sortie. Les laines lavées sont taxées à 28 francs par 100 kilos. Les pêcheries sont affermées et les pêcheurs doivent verser entre les mains du fermier un droit de 30 0/0 sur la valeur du poisson. La vente des tabacs est le monopole exclusif de la régie.

Le souverain actuel S. A. Mohammed-Essadek-bey est monté sur le trône le 22 septembre 1859. L'héritier présomptif est le prince Ali-bey; il porte le titre de bey du camp parce qu'il commandait la colonne qui allait deux fois par an percevoir les impôts dans les tribus. Cette perception se fait d'une manière directe depuis la création de la commission financière, et les caïds versent les sommes perçues entre les mains du payeur du gouvernement qui réside à Tunis.

Le premier ministre est Si-Mustapha-ben-Ismaël ; il dirige les ministères de l'intérieur, des finances et des affaires étrangères qui tous trois réunis constituent le ministère d'Etat. Il préside encore la commission internationale chargée de contrôler l'administration financière du gouvernement tunisien. Il existe en outre un ministère de la guerre, de la marine, de la plume, des travaux publics et de l'instruction publique. On donne le titre de Sahabtaba au ministre chargé de poser le cachet du bey sur les actes du gouvernement.

La Tunisie est divisée en vingt-quatre provinces ou arrondissements administratifs gouvernés par des caïds nommés chaque année par le bey. Ces arrondissements sont subdivisés en sous-arrondissements administrés par des khalifes et des mécheiks qui reçoivent l'investiture du souverain. Les cheiks administrent les douars ou centres formant les tribus des sous-arrondissements. La Tunisie possède actuellement dix-huit princes vivants et peut-être le double de princesses.

Lorsque le bey prit possession du pouvoir en septembre 1859, la Régence avait déjà une dette de près de 20 millions de francs. Au mois de mai 1863, le gouvernement tunisien se vit forcé de contracter un emprunt de 35 millions avec la maison Erlanger de

Paris, puis un emprunt de 9 millions au nom de M. Pinard, directeur du Comptoir d'Escompte, et enfin, en 1865, un nouvel emprunt de 25 millions avec la maison Erlanger. A la suite de la guerre civile et des fléaux qui accablèrent la Tunisie de 1866 à 1868, le gouvernement fut obligé de négocier des teskérés ou bons du Trésor pour une somme de près de 50 millions sur lesquels il n'encaissa en moyenne que le 20 0/0. Cet état désastreux ayant donné lieu aux plaintes des créanciers français porteurs de titres des emprunts de 1863 et 1865, le gouvernement français intervint, et d'accord avec l'Angleterre et l'Italie, fit accepter au bey l'établissement d'une commission financière chargée de constater le chiffre total de la dette et de pourvoir au service des intérêts. Cette commission, qui commença ses travaux en octobre 1869, se trouva en présence d'une dette totale de 175 millions de francs, en capital et intérêts échus et non payés, et dont les intérêts annuels devaient être de plus de 20 millions. Les principes qui ont servi de base à cette réorganisation financière sont excellents ; toutefois il y aurait peut-être lieu de réunir chaque année les créanciers qui, après avoir pris connaissance des opérations et du mode de procéder de leurs délégués, seraient appelés par un vote à renouveler ou à annuler leur mandat.

Parmi les autres réformes accomplies dans la Régence, il importe de signaler la suppression des tortures barbares, encore usitées au commencement du siècle. En Tunisie, la justice est sommaire et l'arrêt immédiatement exécuté. La pendaison et les coups de nerf de bœuf sont les genres de supplice les plus fréquents. En vertu des capitulations, les Européens ne sont nullement justiciables du bey ; soumis à leurs consuls respectifs, ils sont jugés selon la loi de leur pays. Chaque consul général a donc un tribunal civil, correctionnel et de commerce. Les affaires criminelles sont seulement instruites à Tunis et le prévenu est, s'il y a lieu, renvoyé à la métropole pour être jugé ; les Français sont renvoyés devant la cour d'Aix.

Tous les samedis, pendant son séjour à la Goulette, le bey rend en personne la justice, dans le palais situé à main gauche quand on pénètre dans le goulet du canal en arrivant par mer. La salle d'audience qui se trouve au premier étage est assiégée par une foule d'Arabes venus souvent de fort loin. Le bey se tient à une des extrémités ; il est assis sur un trône en bois doré recouvert de velours de couleur verte. Debout et sur un seul rang, se trouvent successivement à sa gauche les princes ses fils et à sa droite les ministres ; puis, occupant le pourtour de la salle et distribués de chaque côté une trentaine d'officiers généraux et supérieurs qui forment la haie. A côté de la porte d'entrée, un général écoute la requête du plaignant et la transmet à haute voix au bey ; s'il s'agit d'un soldat, il l'accompagne jusqu'à une courte distance du trône.

Malgré son âge avancé le bey de Tunis a un maintien droit et correct ; il est de taille et de corpulence moyenne et porte toute sa barbe, de couleur grisonnante. Son costume se compose d'une tunique noire boutonnée militairement ; le collet et les parements des manches sont rouges. Le pantalon est également de couleur rouge avec une bande d'or, la coiffure est la chechia rouge à gland bleu. Parfois, pendant l'audience, il tire quelques bouffées d'un chibouk dont le tuyau droit a bien trois mètres de longueur.

L'armée a été de beaucoup réduite depuis quelques années à cause des grandes dépenses qu'elle occasionnait ; elle se divise en armée régulière et en armée irrégulière. Les corps réguliers comprennent environ quatre mille hommes, dont deux mille tiennent garnison au Bardo et à la Goulette. On compte deux régiments d'infanterie, un régiment d'artillerie et un escadron de cavalerie. Viennent en outre les *hambas* ou cavaliers libres, dont les voyageurs peuvent obtenir une escorte, les *zaptiés*, soldats chargés de la garde municipale, les *zouawas*, milice bourgeoise composée des marchands de Tunis qui doivent un certain nombre d'heures de service pour la garde de la ville ; les *sbahis*, ou cavaliers irréguliers qui n'ont pas de solde fixe et payent leur équipement et leur nourriture avec l'argent qu'ils gagnent soit à travailler la terre, soit en accompagnant un voyageur, soit en faisant une arrestation. Anomalie curieuse, c'est l'individu qu'ils arrêtent qui doit les payer. Il y a encore les *kourourlis*, pourvus d'une caserne, et dont, suivant les traditions, le bey est le premier soldat.

Le recrutement et l'avancement ne sont pas soumis

à des règles bien déterminées. Les corps possèdent beaucoup plus d'officiers que n'en comportent les besoins du service, parce que les grades sont presque toujours des titres honorifiques et non des fonctions.

L'uniforme des soldats se compose d'une veste couleur de suie à boutons de cuivre, et d'un pantalon de même nuance tombant à mi-jambes, le tout orné de passepoils rouges ou blancs. En été, les soldats qui quittent leurs foyers pour venir prendre le service à Tunis, sont habillés d'une veste et d'un pantalon en fort treillis blanc avec passepoils rouges. Comme chaussures ils ont des sandales, et comme coiffure une chechia qui porte en avant une étoile en cuivre à cinq branches. Leurs armes consistent en un fusil que la baïonnette fait paraître d'une longueur démesurée, plus un sabre généralement couvert d'une respectable couche de rouille. La solde devrait être de 15 piastres tous les trois mois : mais les hommes n'en touchent guère que la moitié. La nourriture se compose principalement de pain noir arrosé de déchets d'huile.

La flotte se compose de deux navires qui, au moment de notre séjour, se trouvaient à Sfax, ce sont : l'*Essed*, ou lion, aviso à hélice en bois, de la force de 160 chevaux, avec 6 canons et 80 hommes, et le *Béchir*, aviso à hélice en fer de 184 chevaux, portant 4 canons et 75 hommes. L'uniforme des officiers de marine est à peu près le même que celui de leurs camarades de l'armée de terre. La tunique est bleu foncé, mais comme signe distinctif elle porte deux ancres dorées fixées sur la contre-épaulette. La coiffure de ces officiers est également la chechia rouge à gland bleu.

Le drapeau de guerre tunisien consiste en un rectangle de couleur rouge ; dans un petit cercle blanc placé au centre, on voit un croissant rouge et une étoile à cinq branches de même couleur.

Le poste des zaptiés ou soldats de police se trouve dans une encoignure de la place de la Bourse, à côté du café de France. Leur mission consiste à se promener deux par deux dans le quartier qui leur a été désigné par leur officier. On les trouve généralement assis côte à côte au pied d'une maison contre laquelle ils ont déposé leurs longs fusils; parfois ils charment leurs loisirs en tricotant les petits bonnets de laine que l'on porte sous la chechia.

La musique accompagne souvent le bey. L'uniforme des musiciens consiste en une veste écarlate ornée de larges brandebourgs couleur jaune serin. En tête, s'avance un tambour major, muni d'une longue canne, et la marche est fermée par deux soldats qui portent chacun un énorme chapeau chinois qu'ils agitent en cadence. Les airs sont constitués par un mélange de sons éclatants dus aux instruments européens, et de sons criards qui proviennent de l'espèce de chalumeau arabe nommé *fahal*, le tout entremêlé des coups sourds de la *derbouka*, peau d'onagre tendue sur un vase.

De même que le son allègre du clairon électrise

nos soldats et que le rythme mélancolique du fifre
inspire la confiance aux armées du Nord, de même
ces airs à la fois indolents et guerriers trouvent un
écho dans l'âme du pauvre soldat tunisien! Quoi qu'il
en soit, les voyageurs sont unanimes pour reconnaître à cette musique un grand cachet de couleur
locale.

RENSEIGNEMENTS GÉNERAUX

TUNISIE

1° *Débarquement et trajet jusqu'à Tunis.* Pour le débarquement, les consuls ont établi le tarif suivant, quel que soit l'état de la mer : les passagers qui occupaient à bord une place de 1re classe payent 3 francs, bagages compris ; ceux de 2e classe payent 2 francs, et ceux de 3e classe 1 franc bagages également compris. Pour l'embarquement, il n'y a pas de tarif ; quand il fait beau temps, on donne 1 franc, bagages compris. Pourtant pendant la mauvaise saison, les prétentions des bateliers croissent en proportion du mauvais état de la mer, mais sans jamais dépasser 5 à 6 francs. Il faut toujours avoir soin de faire son prix d'avance, car il en est des bateliers et des portefaix comme des patrons d'hôtels qui vous taxent selon le caprice du moment ou d'après votre apparence.

De la douane à la gare, la distance étant très courte un portefaix est largement payé avec 8 kharoubes ou 0 fr. 30 par malle. Il est vrai que si, au lieu de 8 kharoubes, on lui donnait 8 francs, il n'en réclamerait pas moins quelque chose. Alors il faut agir comme les habitants du pays, c'est-à-dire envoyer promener l'Arabe. Sa grande ressource, dans ce cas, est de refuser l'argent qu'on lui offre; mais on n'a qu'à le déposer devant lui sans plus s'en préoccuper et dès qu'il voit s'évanouir ce dernier moyen de rançonner son client, il est trop heureux d'emporter son salaire. Si, par hasard, l'indigène se montre trop insolent, il ne faut pas oublier que quelques coups de canne appliqués à propos lui rendent toute la docilité désirable. Du reste, dans certaines contrées, comme en Egypte, c'est la police elle-même qui se charge de faire une distribution aussi libérale que paternelle de coups de courbache.

De la Goulette à Tunis on paye 36 kharoubes ou 1 fr. 40, environ en 1re classe, et 18 kharoubes en 3e classe. Les bagages sont taxés soit au poids soit par colis : au poids, ils payent 1 pe et 2 khar. ou 0 fr. 70 par 50 kilos. Dans l'autre cas chaque colis est taxé à 9 khar. ou 0 fr. 35 environ, et les menus objets, tels que cartons à chapeaux, etc., ne payent rien. Les bagages sont déposés tout bonnement à l'entrée de la gare et il faut donner une couple de kharoubes aux portefaix qui les transportent jusqu'au wagon. Il serait à désirer, pour la commodité des voyageurs, que l'on établisse une salle où on pourrait laisser ses bagages en dépôt.

A Tunis, le prix du transport d'une malle grosse

ou petite de la gare à l'hôtel est de 13 kharoubes ou 0 fr. 50. L'agence de la Cⁱᵉ Transatlantique se charge du transport des bagages à condition qu'ils soient déposés au bureau quelques heures à l'avance.

A Tunis, on trouve des chambres meublées aux prix de 20, 30, 40 francs, par mois ; pour s'en procurer il faut s'adresser à une personne habituée à la ville. Un petit appartement non meublé composé de trois pièces et d'une cuisine se loue de 360 à 720 francs par an. Une femme de ménage se paie de 10 à 15 francs par mois.

Quand on veut changer des pièces françaises ou anglaises contre de la monnaie tunisienne, il faut s'adresser de préférence à un négociant connu qui vous fait bénéficier du change.

Il existe un établissement hydrothérapique près de la gare de la Goulette. Le prix du bain maure pour un indigène est de 0 fr. 25. Une tasse de café se paie 1 kharoube.

BATEAUX A VAPEUR

1° *Compagnie Transatlantique*

Départ de	Arrivée à
Marseille vendredi, 5 h. s.	— Tunis, lundi 9 h. m.
Tunis, mardi 5 h. s.	— Marseille, vendredi 9 h. m.

Ligne de Malte, Tunis, Tripoli et escales.

Départ de	Arrivée à
Malte, dimanche 9 h. m.	— Tunis, lundi 6 h. m.
Tunis, lundi 5 h. s.	— Sousse, mardi 6 h m.

Départ de	Arrivée à
Sousse, mardi 10 h. 30 m.	— Tripoli, vendredi 6 h. m.
Tripoli, vendredi 9 h. s.	— Malte, samedi apr.-m.

Retour.

Départ de	Arrivée à
Malte, mercredi midi.	— Tripoli, jeudi 10 h. m.
Tripoli, jeudi 4 h. s.	— Tunis, lundi 7 h. m.
Tunis, lundi 5 h. s.	— Malte, mardi 2 h. s.

Prix de passage.

	1,re	2e	Se	Pont·
De Marseille à Tunis............. fr.	148	118	67	57
» Bône à Tunis.................	48	38	28	20
» Tunis à Sousse (sans nourrit.).	19	13	»	6
» Tunis à Tripoli	90	70	»	30
» Tunis à Malte	60	40	»	20
» Tripoli à Malte	45	33	»	20

Les passagers ont droit à 100 kilos de bagages en 1re classe ; à 60 kilos en 2e classe et à 30 kilos en 3e et en 4e. Les prix comprennent la nourriture pour toutes les classes.

Sur la ligne Tunis, Malte, Tripoli, le local affecté aux 2es classes est semblable à celui des 3es classes sur les grands paquebots.

COMPAGNIE DE NAVIGATION MIXTE. (TOUACHE.)

Départ de	Arrivée à
Marseille, vendredi 5 h. s.	— Bône, dimanche.
Bône, mercredi 10 h. s.	— Marseille, vendredi.

Prix de passage : 1re cl., 65 fr.; 2e, 45; 3e, es nourrit., 15 fr.

SOCIÉTÉ GÉNÉRALE.

Départ de Marseille pour Bône presque tous les matins.
Prix de passage : Chambre, 45 fr.; Pont, s⁴ nourrit., 15 fr.

COMPAGNIE FLORIO.

Départ de	Arrivée à
Tunis, vendredi 8 h. s.	— Palerme, dimanche midi.
Palerme, mardi 10 h. s.	— Tunis, jeudi 6 h. matin.

Prix de passage.

	1ʳᵉ	2ᵉ	3ᵉ
De Marseille à Tunis (par transbordement).....................	175 »	110 »	60 »
De Tunis à Palerme.............	64.60	38.60	21.60

COMPAGNIE RUBATTINO.

Départ de	Arrivée à
Marseille, mercredi midi.	— Tunis, dimanche matin.
Tunis, mercredi 3 h. s.	— Marseille, dimanche ap.-m.

Ligne de Tunis, Tripoli, Malte.

Départ de	Arrivée à
Tunis, jeudi 3 h. s.	— Tripoli, dimanche 7 h. 30 m.
Tripoli, dimanche 4 h. s.	— Malte, lundi, 2 h. s.

Retour.

Départ de	Arrivée à
Malte, samedi midi.	— Tripoli, dimanche 10 h. m.
Tripoli, dimanche 4 h. s.	— Tunis, mercredi 10 h. m.

Ligne de Tunis, Malte.

Départ de	Arrivée à
Tunis, jeudi 3 h. s.	— Malte, vendredi 5 h. s.
Malte, mardi 8 h. m.	— Tunis, mercredi 10 h. m

Ligne de Marseille, à Tripoli, par Gênes, Livourne, Cagliari, Tunis et Malte.

Départ le dimanche à 9 heures du matin.

Prix de passage.

Marseille à Tunis ....fr.	150	110	44
Tunis à Sousse (sans nourriture).....	20	12	6
» à Tripoli	75	55	25
» à Malte......................	45	35	15
Tripoli à Malte	40	30	16

Le public trouve les tarifs de la ligne côtière trop élevés ; nous espérons que prochainement une concurrence efficace les fera réduire.

Entre Tunis et Malte, il existe également un service hebdomadaire par le petit vapeur maltais le *Lancefield* et entre Tripoli et Malte par le petit vapeur le *Trabulus*.

SOCIÉTÉ PROCIDA ISCHIA.

Départ une fois par mois du petit vapeur le *Principe di Napoli*, naviguant entre Alger, Tunis et Naples.

Prix de passage (sans nourriture) d'Alger à Tunis, 1re cl., 50 fr.; 2e cl., 40 fr.; 3e cl., 25 fr.; 4e cl., 20 fr.

Remarque générale : A bord des bateaux où la nourriture n'est pas comprise dans les prix de passage, il est prudent d'emporter des provisions, car on vous vend les moindres vivres à des prix fort élevés. Si l'on est pressé, il faut bien se garder de s'embarquer sur un petit navire soit à voile, soit à vapeur, car les capitaines de ces coquilles de noix se soucient peu de s'aventurer par les gros temps, et l'on risque de rester bloqué plusieurs jours dans le même port.

Aujourd'hui, les voyages sont rendus bien faciles, car l'on peut prendre un billet pour faire le tour du monde, aussi aisément que l'on va de Paris à Saint-Cloud. — Pourquoi, alors ne créerait-on pas, dans chaque ville du globe un peu fréquentée, un hôtel international ayant des tarifs invariables et connus? Le système de coupons, tels qu'en délivre l'agence Cook remplit bien à peu près ce but. Mais, outre que tout le monde ne voyage pas en touriste, nul n'ignore que très souvent les porteurs de billets de logement semblables sont relégués dans un grenier et traités comme de véritables colis. Nous aimons à croire aussi qu'une agence française se fondera bientôt et que, grâce à elle, nous finirons par avoir, aussi bien que les Anglais, toutes les commodités désirables pour faire économiquement ces longs voyages qui sont le complément de toute éducation sérieuse.

CHEMINS DE FER

De Bône à Duvivier

Départs de Bône, matin 6 h. 10, et soir 2 h. 30. — Arrivées à Duvivier, matin 8 h. 38 et soir 4 h. 58.

Départs de Duvivier, matin 8 h. 32 et soir 4 h. 52. — Arrivées à Bône, matin 10 h. 50 et soir 7 h. 10.

Prix des places : 1re cl., 6 fr. 15; 2e cl., 4 fr. 70; 3e cl., 3 fr. 30.

Prix d'une place en diligence de Duvivier à Souk-Ahras : Coupé, 8 fr.; intér., 6 fr.

De la frontière à Tunis.

Départs de Ghrardimaou, matin 11 h. 12 et soir 3 heures.
Arrivées à Béja, soir 2 h. 43 et soir 6 h. 24.
Départs de Béja, soir 2 h. 45 et matin 6 h. 55,
Arrivées à Tunis, soir 7 h. 16 et matin 11 h. 28.

Retour.

Départs de Tunis, matin 6 heures et soir 2 heures.
Arrivées à Béja, matin 10 h. 39 et soir 6 h. 33.
Départs de Béja, matin 10 h. 40 et matin 6 h. 30.
Arrivées à Ghrardimaou, soir 2 h. 04 et matin 9 h. 54.

Prix des places de Tunis à Ghrardimaou : 1re cl., piastres 30,03 ; 2e cl., 27,07 ; 3e cl., 19,06. Chaque voyageur a droit à 30 kilos de bagages.

Chemin de fer de la Goulette. En été départ presque toutes les heures.

HOTELS ET RESTAURANTS

Les deux hôtels principaux de Tunis sont :

1o Le *Grand hôtel*, sur la promenade de la Marine. Chambre, déjeuner et dîner à partir de 10 francs par jour.

2o L'*hôtel de Paris,* rue du Rempart, prix à partir de 8 fr. 50 par jour.

On trouve encore l'*hôtel de France,* prix de la chambre du déjeuner et du dîner, 6 francs par jour ; pension au mois 80 francs. Enfin l'*hôtel de Champagne,* de 4 francs à 5 francs par jour. A Tunis on déjeune à midi et on dîne de 7 h. 1/2 à 8 heures.

A côté de la poste italienne, on remarque le restaurant de Tunis. Prix du repas de 1 fr. 50 à 2 fr. 50.

A la Goulette on trouve l'*hôtel de France* et l'*hôtel de l'Europe*. Faire son prix d'avance. Pendant l'été, on peut encore louer une chambre et prendre ses repas à l'établissement des bains de mer qui est situé sur l'eau.

GUIDES

Dans les hôtels, on trouve des guides indigènes qui parlent passablement le français. Leur tarif ordinaire est de 5 francs pour la journée entière, mais ils se laissent aller facilement à compter pour une journée une petite promenade de l'hôtel à la place de la Bourse, à la Casbah et au bazar. Du reste, des guides sont parfaitement inutiles à Tunis; un plan des ruines de Carthage donne l'emplacement d'édifices antiques dont ils ignorent absolument l'existence. Leur grande spécialité est de vous conduire dans de mauvais lieux toujours les mêmes, ou d'organiser une petite représentation de danse orientale pour la modique somme de 60 à 100 francs. Après avoir parcouru diverses parties du monde, nous savons un peu à quoi nous en tenir sur les élans affectueux, les adroites flatteries et les protestations d'amitié des guides. Heureux qui sait s'en passer. Du reste quoi de plus agréable que de voyager à sa fantaisie, libre et indépendant, et non en bande nombreuse comme on tend à le faire maintenant? De cette dernière manière on est voituré et harcelé par tous les temps comme un véritable troupeau, et quand une chose vous intéresse on n'a même pas le temps de s'arrêter pour l'examiner.

MONNAIES

La monnaie tunisienne se compose de pièces revêtues de caractères arabes : en voici la nomenclature :

1º *Pièces d'or.*

Pièces de 5 piastres moins 3 kharoubes = 3 francs.
»   10   »   moins 6   »   = 6 —
»   25   »   juste.   = 15 —
»   50   »   juste   = 30 —

2º *Pièces d'argent.*

Pièce de 8 kharoubes ou 1/2 p. = 0 fr. 30.
»   13   »   = 0 fr. 50.
»   26   »   = 1 franc.
»   52   »   = 2 francs.

3º *Pièces de cuivre.*

Pièce de 1/3 kharoube   (peu usitée.)
»   1/2   »   = 0,01875.
»   1   »   = 0,0375.
»   2   »   = 0,0750.

La valeur des deux premières pièces d'or ainsi que celle des pièces d'argent a été réduite au moyen d'un poinçonnage. La piastre varie suivant le cours de 0 fr. 60 à 0 fr. 62. Il y a seize kharoubes dans une piastre.

La pièce française de 1 fr. vaut 1 p. et 10 khs.
»   10 fr. » 16 1/2 p.
»   20 fr. » 33 p. environ.
Une livre sterling ou 25 fr. » 41 1/4 p. environ.

POIDS ET MESURES

L'unité de poids est le *rottolo* qui vaut environ 0 kil. 500.

Le rottolo des épiciers vaut 16 onces, celui des marchands d'huile 18, et celui des marchands de légumes 20.

Les mesures de capacité sont :

Le saa = 3 lit. 12 cent.

La ouiba = 12 saas.

Le qfiz = 16 ouibas.

Le métal ou m'tar pour les huiles.

La mesure agraire est la méchia, ou espace que deux bœufs peuvent labourer en une saison.

La mesure de longueur est la pique dont la dimension varie de 0^m, 47 à 0^m, 67. A Tunis, lorsque les agents surprennent un indigène à se servir de poids faux, ils lui administrent séance tenante une volée de coups de bâton sur la plante des pieds.

POSTES ET TÉLÉGRAPHES

Il existe à Tunis un bureau de poste français et un bureau de poste italien. Le port d'une lettre pour la France, l'Algérie et Tripoli est de 0 fr. 15 ; pour Malte, l'Angleterre et l'Italie 0 fr. 25. Des bureaux télégraphiques sont établis à Tunis, la Goulette, le Bardo, Bizerte, le Kef, Sousse, Monastir, Mehdia,

Sfax et Jerbah. A Tunis le bureau du télégraphe ouvre à 7 heures du matin et ferme à 8 heures du soir. Le tarif d'une dépêche pour l'Algérie est fixé à 0 fr. 05 par mot; pour la France à 0 fr. 10; pour l'Angleterre à 0 fr. 37.

DÉPARTS DU COURRIER

Pour Malte	Cᴵᵉ Transatlant.	lundi. s.	3 h.	(dernière limite.)
» Côte Tunisienne	id.	lundi	3 h.	»
» Marseille	id.	mardi	3 h.	»
» Livourne	Rubattino	mercredi	3 h.	»
» Côte Tunisienne	id.	jeudi	1 h.	»
» Malte	id.	jeudi	1 h.	»
» Palerme	Florio	Vendredi	3 h.	»

ARRIVÉES DU COURRIER

Venant de Marseille	Cᴵᵉ Transatl.	lundi mat.
» Tripoli et côte Tunis.	»	»
» Malte	»	»
» Livourne	Rubattino	lundi ap. midi
» Tripoli et côte Tunis.	»	mercredi mat.
» Malte	»	»
» Palerme	Florio	jeudi mat.
» Malte	Le *Lancefield*	dimanche soir

VOITURES

Comme il n'existe pas de tarif, il faut toujours faire son prix d'avance ; voici ce que l'on paie habituellement :

Pour la course ou l'heure — 1 fr. 80 ou 3 piastres.

De Tunis à la Goulette — 5 francs.

De Tunis au Bardo et retour — 3 francs.

De la Goulette aux ruines de Carthage : de 2 à 3 francs. et plus, suivant la durée.

Pour une excursion dans l'intérieur de 15 francs. à 18 francs, par jour, 25 à 30 piastres.

RENSEIGNEMENTS DIVERS

Béja. Il existe un service d'omnibus de la station à la ville ; prix 0 fr. 70, aller et retour.

Sousse. Les bateliers demandent 1 franc pour débar-quer un voyageur avec ses bagages. On peut aller faire un tour à terre et revenir au paquebot pour 1 fr. 20 ou 2 piastres. A côté de l'agence de la Cie Tran-satlantique, il existe une auberge italienne.

L'excursion en voiture, retour compris, de Sousse à Kairouan ou de Sousse à El-Djem, se fait moyen-nant 40 à 60 francs (67 à 100 piastres). Ce prix varie suivant l'abondance des voitures et l'état de la route.

Sfax. On met environ trois quarts d'heure pour aller à terre. On paie 2 francs, bagages compris, pour débar-quer. Le trajet, aller et retour, de Sfax à El-Djem peut se faire avec un bourricot loué 25 piastres. Le prix d'une voiture est fort élevé, 120 francs environ, car elle doit être commandée à Sousse.

Gabès. A marée haute, il faut se transborder dans un haut chariot à deux roues attelées d'un cheval.

Jerbah. Suivant la direction du vent on met de trois quarts d'heure à trois heures pour aller à terre. Le prix du débarquement varie de une piastre ou 0 fr. 60 à 2 francs, selon l'abondance des passagers. Nous nous permettrons de recommander à l'administration locale de veiller à ce que les bateliers ne chargent pas leurs barques outre mesure. C'est là une imprudence trop commune.

RENSEIGNEMENTS ET CONSEILS

Pour voyager sur le littoral, il est utile de savoir un peu d'italien. Mais, en dehors des villes, l'arabe étant la seule langue usitée, il faut en posséder quelques notions, ou emmener un guide digne de confiance. Pour un trajet un peu long, une voiture est certainement le moyen de locomotion le plus commode. En tous cas, dans le double but de voyager rapidement et de ne pas tenter la cupidité des indigènes, on ne devra emporter que les bagages et les vêtements strictement nécessaires. Si l'on doit se servir du chameau, il faut en le montant, avoir grand soin de se pencher en avant au moment où l'animal commence à se relever, puis ensuite en arrière. Pour descendre, mêmes mouvements, mais en sens inverse.

Dans l'intérieur de la Tunisie, l'hospitalité est généralement en usage ; il est bon de la reconnaître par quelque petit cadeau, un article de bazar, par exemple.

L'arme la plus respectée est incontestablement le revolver ; toutefois la vue d'un long fusil, même hors de service, ôte souvent aux pillards l'envie d'attaquer.

En quittant l'Europe, il est avantageux d'emporter

une certaine somme en pièces d'or françaises ou anglaises.

Pour l'Européen encore mal acclimaté, une sage précaution est de ne pas dormir ni en plein air, ni même la fenêtre ouverte.

Quant aux distances, on se préparerait de cruelles illusions si l'on s'en rapportait aux renseignements des Arabes, même de bonne foi, pour les apprécier.

Parmi les objets utiles à emporter on peut citer une boussole, une longue vue, un mètre, un podomètre, des lunettes en verre fumé, quelques médicaments et même une selle anglaise.

Dernier conseil : Le voyageur devra toujours surveiller son guide et ne jamais laisser personne marcher ni rôder derrière lui. C'est presque toujours grâce à un excès de confiance que les explorateurs se laissent surprendre et assassiner. Un Européen absolument isolé au milieu de populations arabes n'a de chance de se faire respecter que par son courage personnel ; s'il arrive à se tirer d'un mauvais pas, ce ne sera qu'à force de fermeté et de résolution.

REMÈDES

Si on est atteint de la diarrhée, on doit aussitôt se purger et mettre une ceinture de flanelle. Voici la formule de pilules excellentes :

Ipéca......................	30 centig.
Opium......................	10 centig.
Calomel....................	20 centig.
Extrait de quinquina.......	1 gr.

Au commencement d'une ophthalmie, il faut se baigner les yeux avec de l'eau de roses, ou une lotion composée de 1 gramme de sulfate de zinc dissous dans un verre d'eau. La fièvre se combat avec le sulfate de quinine.

Dans les cas d'insolation, il faut s'inonder la tête d'eau froide et ne pratiquer une saignée qu'en cas de nécessité absolue.

TRIPOLITAINE

Pour débarquer à Tripoli, on donne aux bateliers 1 franc par personne, bagages compris, et à peu près la même somme aux portefaix ou *hammals* qui portent les bagages à l'hôtel. Inutile de dire que, quelle que soit la générosité du voyageur, il n'en est pas moins poursuivi de nombreuses réclamations. Si l'employé de la douane en fait la demande, on doit lui remettre son passeport. Les nations européennes sont à peu près toutes représentées à Tripoli par des agents diplomatiques ou consulaires.

HOTELS

Tripoli possède actuellement deux petits hôtels italiens assez convenables, mais il est toujours indispensable, lorsqu'on y descend, de faire son prix d'avance : 1° Hôtel de la Minerve, chambre de 1 franc à 1 fr. 50 par jour; à deux lits 2 francs; restaurant à la carte, à des prix très modérés.

2° Hôtel Transatlantique, chambre de 1 franc à 2 francs; restaurant à la carte à des prix modérés.

MONNAIES

La monnaie changeant au caprice du gouvernement ottoman, nous nous contenterons d'indiquer son cours actuel.

L'unité courante est la piastre dont la valeur nominale est de 0 fr. 25, mais en ce moment elle ne vaut que 0 fr. 20. Elle se divise en paras dont la valeur est d'un demi-centime environ.

1º *Pièces d'Or*

Napoléon d'or ou 20 francs.	=	103 piastres
Livre turque	=	117 piastres.
Livre sterling	=	128 piastres.

2º *Pièces d'Argent*

Pièce de 5 fr. française ou italienne	=	23 1/2 piastres.
Marie-Thérèse d'Autriche	=	23 piastres.
Medjidieh de Turquie	=	21 piastres.
1/2 »	=	10 1/4 piastres.
1/4 »	=	5 piastres.
Florin autrichien	=	11 piastres.
5 sebilles de Tunis	=	14 piastres.
4 id.	=	10 piastres.
2 id.	=	5 piastres.
2 francs, France-Italie	=	10 2/5 piastres.
1 id.	=	5 1/5 piastres.
0 50	=	2 1/2 piastres.
Pièce de		2 piastres.
id.		1 piastre.
'd.		1/2 piastre.

3₀ *Pièces de Nickel*

Pièce de 5 piastres, de 2 1/2 piastres, de 1 1/4 piastre, de 1/2 piastre, de 1/4 piastre, enfin de 1/8 piastre = 5 paras = 0 fr. 0 25.

Chose curieuse, les monnaies revêtues d'une effigie *sans barbe* n'ont pas cours à Tripoli.

POIDS ET MESURES

Parmi les poids on peut citer :

Le cantar = 40 okes = 51 1/4 kilos.
L'oke   = 40 onces = 1 k. 281.
L'once   = 10 drachmes.
78 okes   = 100 kilogrammes.

L'unité de mesure pour les longueurs est le *draa* ou pique, en italien *picco*. Il y a deux sortes de *draa* : l'une répond assez exactement au mètre.

POSTE

La poste française se trouve au consulat de France, mais comme les lettres peuvent arriver par une compagnie étrangère, on fera bien de donner son adresse dans les autres bureaux. Sur la place de l'Église il existe un cercle où on trouve quelques journaux italiens.

MALTE

Le prix du débarquement avec bagages est fixé à 1 shilling ou 1 fr. 25. Une voiture coûte 8 pence ou 0 fr. 80 pour toute distance au-dessous d'un mille anglais ou 1 kil. 609. Pour chaque demi-mille en plus on donne 4 pence ou 0 fr. 40. En cas de contestation, ce qui n'est pas rare, vu la rapacité proverbiale des Maltais, adressez-vous au premier policeman venu, il saura mettre à la raison votre conducteur trop exigeant.

Un des meilleurs hôtels de Malte est l'hôtel Impérial, prix 10 shillings par jour sans boisson. On remarque encore l'hôtel d'Australie, prix 6 shillings par jour avec vin. Dans la rue Stretta, beaucoup de petits hôtels ont des chambres à des prix modérés, depuis 1 franc. Les Maltais parlent également l'anglais et l'italien.

PETIT VOCABULAIRE

(Quand la phrase n'est pas traduite en dialecte tripolitain, c'est qu'elle est la même que dans celui de Tunis.)

Combien y a-t-il de milles de Tripoli à Ghadamès ?.....................	Gueddech mesafet mel min Triblitz ila Ghadames.
Donne-moi à manger.............	Attini nakoul.
Combien cela coûte-t-il...........	Gueddèch had,
Indique-moi le chemin...........	Ouarrini trik,
Comment vas-tu ?.................	Kif ennek.

Donne-moi un peu d'eau..........	At chriba mäh.
id. (*Tripolitain*).......	At charba mäh.
Bonsoir (*Tripolitain*)	Mesikoum-bel-Kheir
Qu'y a-t-il ?...................	Ach temma.
Qui est là ?...................	Ach Koun had.
Va-t'en	Barra.
Viens ici....................	Ija houni.
Id. (*Tripolitain*).......	Tal ench.
Quelle heure est-il.............	Achenhoua-el-ouoqt
Id. (*Tripolitain*)....	Gueddech saa taoua
Assieds-toi...................	Ertah.
Id. (*Tripolitain*).......	Kames.
Dépêche-toi..................	Stadjel.
Ferme la porte...............	Sakkar-el-bab.
Laisse-moi tranquille..........	Khalini mirtah.
Je vous remercie, monsieur.......	Ketel-erek-Sidi.

Quoique ces renseignements généraux aient été puisés aux sources les plus authentiques, nous devons décliner la responsabilité de toute erreur.

FIN

TABLE DES MATIÈRES

TRIPOLITAINE

                                                                Pages
I. — Géographie. — Résumé historique......   1
II. — Tripoli. — Description de la ville........   4
III. — Oasis...............................   13
IV. — Villes principales de la Tripolitaine. — Vêtements. — Coutumes. — Mœurs des indigènes...........................   15
V. — Gouvernement. — Religion. — Justice. — Armée. — Marine. — Agriculture. — Commerce. — Industrie...............   25

TUNISIE

I. — Situation. — Bornes. — Cours d'eau. — Chotts. — Mer intérieure. — Climat...   33
II. — Arrivée à La Goulette par mer. — Description de La Goulette. — Moyens de communication entre La Goulette et Tunis. — Situation de Tunis, population, fortifications, portes et résumé du plan de la ville............................   38
III. — La ville de Tunis (suite). — Antiquités, places, bazars, mosquées, édifices publics, écoles, casernes, hôpitaux, projet de port.   47

Pages

IV. — Ruines de Carthage. — Le Bardo. — L'Ariana et Djafar. — La Mohammedia. — Hammam-el-Lif. — Bou-Chater (Utique). — Zaghouan...................... 58

V. — Chemin de fer de Bône à Tunis, Béja, Tebourba. — Chemin de fer de La Goulette. — Ligne côtière du bateau à vapeur : Sousse, Monastir, Mehdia, Sfax, Gabès, Jerbah........................ 67

MALTE

VI. — Ruines et principales villes de la Tunisie : 1º De Tunis à Bizerte et à Mater ; 2º de Tunis au Kef et aux ruines d'Haïdrah ; 3º de Tunis à Hammam-Korbès, Kelibia et Hammamet ; 4º de Tunis à Sousse, Kairouan, El Djem, Sfax et Jerbah ; 5º de Tunis à Gafsa et à Tozer ; 6º de Gabès à Tozer.......................... 83

VII. — Maures et Mauresques, Arabes, Kabyles, Israélites. — Superstitions. — Le Barbier arabe. — Le café maure. — Les Aïssaouas. — La Fantasia. — Les Almées. 98

VIII. — Ethnographie de la Tunisie. — Productions. — Notions historiques. — Généalogie des Beys....................... 108

IX. — Religion. — Fêtes religieuses. — Pèlerinage à La Mecque. — Agriculture. — Commerce. — Industrie. — Impôts. — Gouvernement. — Commission financière. — Justice. — Armée. — Marine. 112

RENSEIGNEMENTS GÉNÉRAUX

TUNISIE

	Pages
Bateaux à vapeur...........................	127
Chemins de fer.............................	131
Hôtels et restaurants......................	132
Guides.....................................	133
Monnaies...................................	134
Poids et mesures...........................	135
Postes et télégraphes......................	135
Voitures...................................	136
Renseignements divers......................	137
Renseignements et conseils.................	138
Remèdes....................................	139

TRIPOLITAINE

Hôtels.....................................	140
Monnaies...................................	141
Poids et mesures...........................	142
Poste......................................	142

MALTE

PETIT VOCABULAIRE

SAINT-QUENTIN. — IMPRIMERIE JULES MOUREAU.

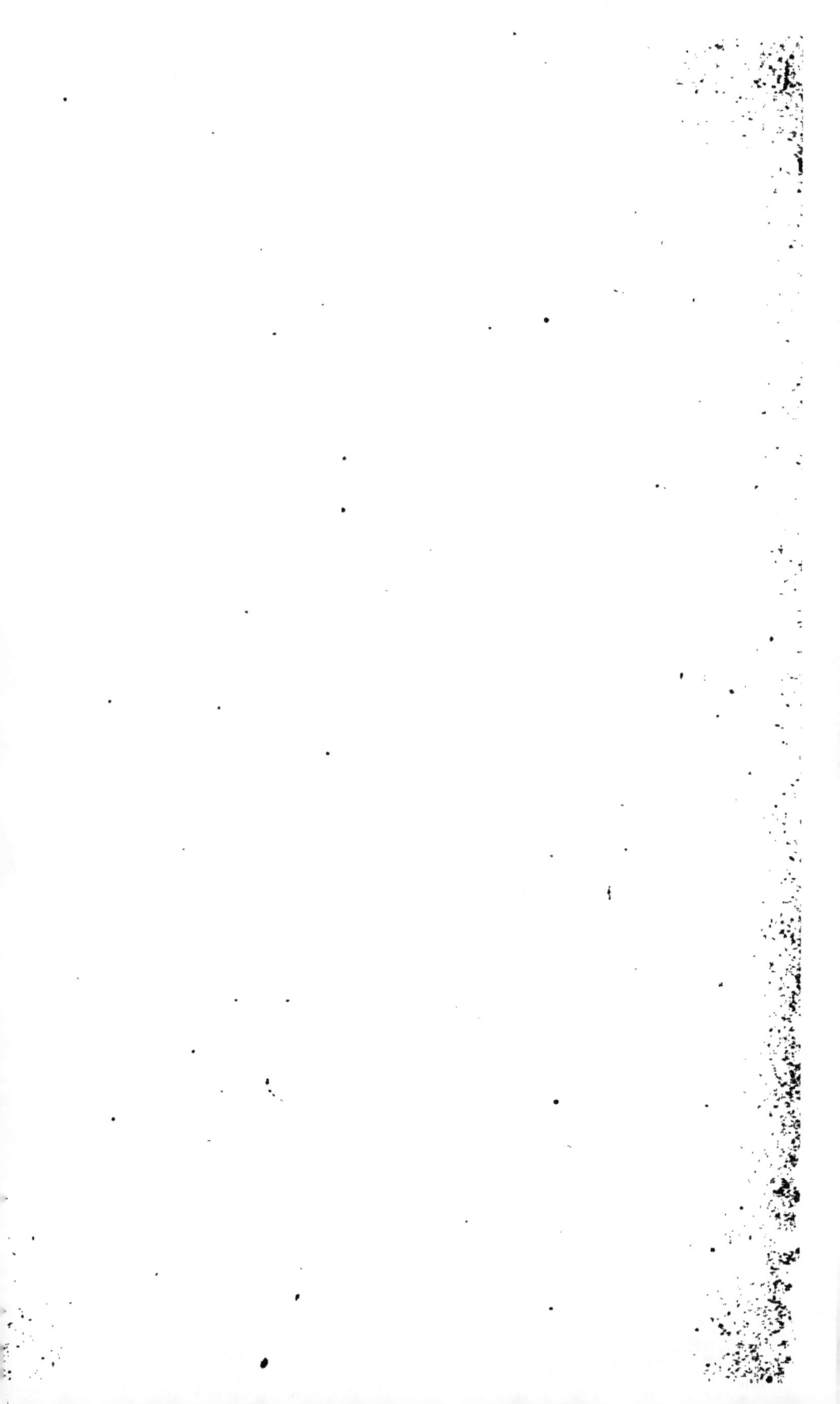

www.ingramcontent.com/pod-product-compliance
Lightning Source LLC
Chambersburg PA
CBHW072102090426
42739CB00012B/2840